날마다 선물 포장

마음을 이어주는 종이 포장법

날마다 선물 포장

박진숙(제이홈) 지음

재승출판

차례.

하나, 선물 포장을 위한 기초

종이 고르기   10
종이의 결 | 종이의 보관 | 종이의 무게 | 종이의 종류

도구 챙기기   14
기본 도구 | 보조 도구

종이 마름하기   18
둘레 마름 | 높이 마름

종이 마감하기   20
일자 마감 | Y자 마감 | X자 마감 | ㄷ자 마감 | 보자기식 마감

싸개 상자 만들기   22
풀 바르기 | 싸개지 마름하기 | 싸개지 붙이기

둘, 다양한 종이 포장법

기초를 튼튼히   28

낮은 상자 포장 일상을 기록하는 다이어리 선물   34
끈 포장 직접 준비하는 답례 선물   38
보자기식 포장 1 향기로운 비누 선물   42
높은 상자 포장 지구를 지키는 텀블러 선물   46
리본 주름 포장 핸드메이드 라탄 소품 선물   50
주머니 포장 소소한 살림살이 선물   54
띠지 포장 고마운 분께 전통주 선물   58
원통형 케이스 포장 달콤한 수제캐러멜 선물   62
보자기식 포장 2 마법의 꽃가위 선물   66
중간 상자 포장 따듯한 크리스마스 선물   70
접시 회전 포장 쓸모 있는 그릇 선물   74
주름 포장 마음을 채워줄 쿠키 선물   78
물결 포장 포근한 욕실용품 선물   82
저고리식 포장 고소함을 풍기는 참기름 선물   86
죽순 포장 상차림을 완성해줄 수저 선물   90
사방 포장 11살 태리의 생일 선물   94

셋, 지기구조 활용법

천천히 세밀하게   100

☆☆★ **삼각 종이팩** 미니 간식팩 선물   102
       양면 봉투 예쁜 현금 봉투   106
       쇼핑백형 상자 봄철 화분 선물   110

☆★★ **쇼핑백** 맞춤형 책 선물   114
       일체형 상자 귀여운 양말 선물   118
       창이 있는 접이식 상자 화려한 스카프 선물   122

★★★ **분리형 싸개 상자** 마음이 담긴 그릇 선물   126
       여닫이식 싸개 상자 마스킹테이프 보관함   134
       ㄷ자형 상자 핸드메이드 뜨개인형 선물   144

넷, 쉽고 간단한 리본 포장법

매듭과 고리   156
리본의 구조 | 리본 읽기(스와치) | 끈의 종류 | 리본의 종류

매기란?   166
일자 매기 | 사선 매기 | 십자 매기 | Z자 매기

보란?   176
더블보 | 웨이브보 | 더블보 응용 1 | 더블보 응용 2 | 폼폰보

맺음말. **190**

하나,

선물 포장을 위한 기초

종이 고르기

선물을 포장하는 재료는 무척 다양하지만 가장 손쉽게 구할 수 있는 종이로 선물을 포장하는 방법을 소개하려고 합니다. 모델에게 멋진 옷을 만들어 입히는 패션디자이너처럼 종이로 선물을 입히고 꾸며서 나만의 멋진 선물 포장을 완성해보세요.

계절이 담긴 문양지, 전통이 스며든 한지, 독특한 질감의 특수지 등, 종이의 세계는 무궁무진합니다. 선물 상자에 무엇을 담는지도 중요하지만, 어떤 옷을 입는지에 따라 전혀 다른 모습으로 변화할 수 있기에 선물을 준비하는 것만큼 종이를 준비하는 것도 묘한 긴장과 설렘이 있습니다. 처음엔 주변에서 쉽게 구할 수 있는 종이로 기본기를 쌓은 다음, 질감이나 두께감을 달리하면서 종이를 골라보는 재미를 느꼈으면 합니다.

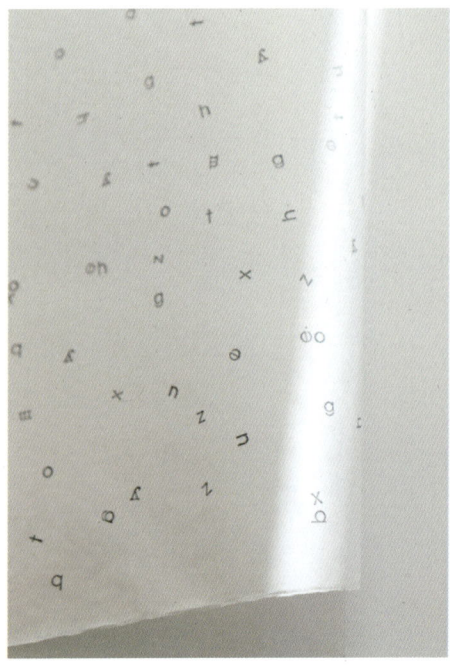

종이의 결

종이는 고유의 결이 있습니다. 이는 종이의 원료인 나무에서 추출한 펄프가 배열된 형태에 따라 정해지는데 세로일 때는 종목, 가로일 때는 횡목이라고 합니다. 종이의 결을 이해한 상태에서 마름과 포장을 해야 포장된 면이 일정하고 휘어지지 않습니다. 보통 잘 구부려지고 잘 찢어지는 방향으로 판별하지만, 가장 확실한 방법은 포장지에 붙어 있는 라벨을 확인하는 것입니다.

종이의 보관

롤이 아닌 시트 형태로 보관합니다. 롤 형태로 구매한 종이는 조금 크게 마름한 후 반대 방향으로 눌러줍니다.

종이의 무게

단위 1제곱미터당 무게를 평량이라고 하며, gsm 또는 g/m^2(이하 g)로 표기합니다.

[평량 예시]

습자지 15g < 유산지 35g < A4 복사용지 80g < 래핑지 110g < 태그지, 카드지 200~250g < 상자 싸개용 보드지 1000g 이상

종이의 종류

① 색화지(15g)
얇고 가벼운 무광 색지로 내부 포장이나 완충재 또는 꽃을 포장하는 데 쓰입니다.

② 부직포(28g)
질기고 강도가 좋아 잘 찢어지지 않습니다.

③ 한지
닥나무의 섬유질로 만든 종이로 유연하고 잘 찢어지지 않습니다.

④ 동양지(65g)
비침이 있는 한지 느낌의 질긴 종이로 평량보다 두께감이 더 느껴집니다.

⑤ 얼스팩(70~342g)
사탕수수로 만든 친환경 종이로 색감이 자연스럽습니다.

⑥ 테라(80g)
부드러운 색감으로 구성된 부직포 질감의 종이로 유연성이 좋습니다.

⑦ 비단지(표구지)
종이와 비단을 배접해놓은 종이로 강도가 좋고 찢어지지 않습니다. 비슷한 종이로 북아트지가 있습니다.

⑧ 크라프트지(52~120g)
표백 과정을 거치지 않은 크라프트 펄프로 만든 종이로 색감과 질감이 자연스럽고 강도가 높습니다.

⑨ 구김주름지(110g)
구깃구깃한 표면 질감으로 강도가 좋아 원형 용기를 포장할 때 쓰입니다. 비슷한 종이로 아라라기가 있습니다.

⑩ 에코클로스(120g)
실을 엮은 듯한 짜임과 부드러운 촉감의 종이로 강도가 높습니다.

⑪ 스타드림지(110~420g)
펄이 들어간 색지로 다양한 색상이 있습니다.

⑫ 룩스패브릭(120g)
삼베, 마, 모래의 질감과 다양한 색상으로 북바인딩, 고급 싸개지로 쓰입니다.

⑬ 직녀지(80~151g)
삼베 문양의 종이로 색감이 은은합니다.

⑭ 부띠끄(110g)
플리트, 리자드, 모자이크의 단면 문양으로 강도가 좋아 고급 상자의 싸개지로 쓰입니다.

⑮ 플랙스위브(112g)
격자 모양의 거친 옷감을 연상케 하는 독특한 질감으로 동양적인 느낌을 줍니다.

⑯ 레더태그스(110g)
가죽 느낌이 나는 종이입니다.

⑰ 밍크지(120g)
다양한 색상의 종이로 표면이 부드럽습니다.

⑱ 모시지(116g)
모시의 질감을 표현한 색지로 앞면과 뒷면의 차이가 거의 없습니다.

⑲ 문양지(110~120g)
인쇄가 쉬운 백상지 등에 여러 문양을 넣은 종이입니다.

⑳ 머메이드지(180~350g)
엠보싱 색지로 문구점 등에서 쉽게 구할 수 있습니다.

㉑ 키칼라(350g)
다양한 색상이 있으며, 누름선을 만들어도 종이가 터지지 않습니다.

㉒ 골판지(280g)
촘촘한 구조로 가벼우면서도 강도가 높습니다.

㉓ 보드지(1.2~5.0mm/1~5T)
두껍고 단단한 종이로 하드보드지, 로얄로드지, 크라프트보드지, 갱판지 등이 있습니다.

도구 챙기기

기본 도구

① 칼
칼날이 너무 얇지 않은 것으로 준비합니다.

② 양면테이프
칼이나 가위를 이용하지 않고 손으로 찢어서 사용합니다.

③ 본폴더
종이를 눌러주는 용도이며 기본형만 있어도 충분합니다.

④ 도트봉
누름 자국을 만들어 접지할 때 유용합니다.

⑤ 방안자
플라스틱 투명자는 폭이 4~4.5cm여서 접지하거나 제도할 때 쓰기 편하고, 스틸자는 종이를 자를 때 흔들림을 방지해줍니다.

⑥ 커팅매트
마름 시 바닥의 손상을 보호해줍니다.

⑦ 가위
용도별로 구분하여 사용하는 것이 좋습니다.
- 리본가위: 가윗날에 톱니가 있어 리본이 밀리지 않습니다.
- 핑킹가위: 포장 후 장식할 때 사용합니다.
- 곡선가위: 모서리를 둥글게 자를 때 종이가 찢기지 않습니다.
- 미니 가위: 작은 범위의 모서리를 잘라주거나 끈을 마무리할 때 편리합니다.
- 재단가위: 무게감이 느껴져서 원단이 밀리지 않습니다.

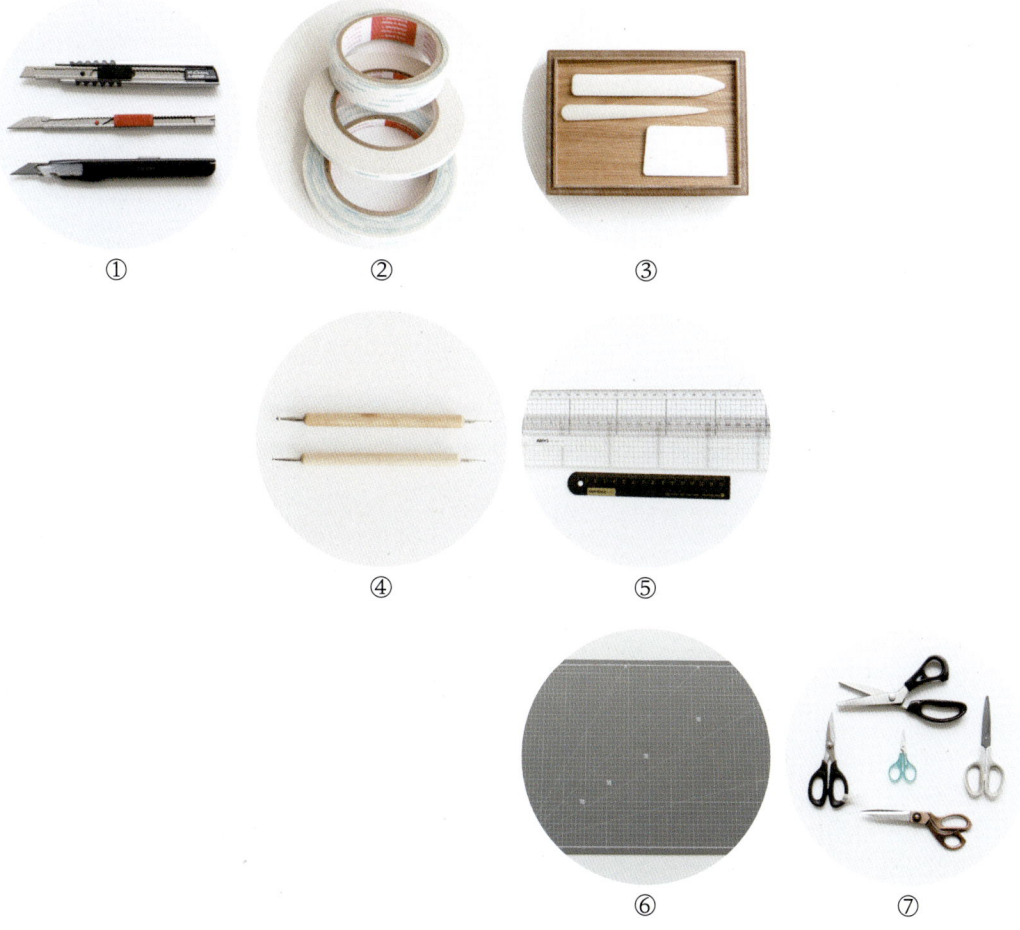

① ② ③

④ ⑤

⑥ ⑦

보조 도구

① 아일릿 세트
구멍을 뚫어주는 펀치와 고정하는 역할을 해주는 아일릿으로 구성되어 있습니다.

② 글루건, 글루건심
열로 심을 녹여서 사용하는데, 이때 녹인 심은 넓게 펴서 발라주어야 합니다.

③ 코너커터(코너라운더)
종이의 모서리를 둥글게 만들어줍니다.

④ 펀치류
태그나 단추 봉투(하도메 봉투) 등을 만들 때 쓰입니다.

⑤ 송곳
끈을 연결하는 구멍을 낼 때 사용합니다.

⑥ 원형 양면테이프
포장 위에 장식을 붙일 때 쓰입니다.

⑦ 투명테이프
주름포장 시 안쪽을 고정하는 역할을 합니다.

⑧ 샤프펜슬과 연필
펜의 굵기가 마름 크기에 영향을 미치므로 얇은 샤프펜슬을 사용하고, 연필일 경우 끝을 날카롭게 유지합니다.

⑨ 실링왁스 세트
실링왁스는 글루건을 이용하는 스틱 형태, 태워서 쓰는 초 형태, 멜팅스푼에 녹여서 사용하는 알갱이 형태가 있습니다.

⑩ 딱풀
액체형 풀은 종이에 배어나올 수 있으므로 고체형 풀을 사용합니다.

⑪ 스탬프 도구
포장지나 태그를 만들 때 유용합니다.

⑫ 스타핑(완충재)
제품을 보호하고 위치를 고정해줍니다.

⑬ 라이터
리본의 끝을 마감할 때 올풀림을 막아줍니다. 이때 라이터의 푸른빛을 사용해야 검게 그을리지 않습니다.

⑭ 지우개 청소기
칼을 쓸 때는 지우개 가루 같은 것이 없어야 안전하기에 책상 위를 깨끗이 치울 때 사용합니다.

⑮ 링라벨
구멍을 뚫은 부분에 붙이면 종이가 찢어지지 않습니다.

○ 종이 마름하기

둘레 마름

종이로 상자를 한 번 감싼 만큼이 둘레입니다.

높이 마름

낮은 상자(높이 3cm 이내)
상자의 높이보다 1cm 높게 종이를 올려서 마름합니다.

중간 상자(높이 3~7cm)
상자의 높이에서 3분의 2 지점까지 종이를 올려서 마름합니다.

높은 상자
상자를 눕혀서 둘레를 잰 후 상자의 위아래 면에서 각각 3분의 2 지점까지 종이를 올려서 마름합니다.

종이
마감하기

일자 마감

주로 낮은 상자를 마감할 때 사용하는 방법입니다.

Y자 마감

주로 중간 높이의 상자를 마감할 때 사용합니다.

X자 마감

높은 정사각형 상자를 마감할 때 대각선을 교차하듯이 접어서 사용합니다.

ㄷ자 마감

접힌 부분을 덮어주는 형태로 중간 또는 높은 상자에 사용합니다.

보자기식 마감

상자의 앞면에서 마무리해주는 방법으로 균형이 중요합니다.

싸개 상자 만들기

상자의 기본 골격이 될 종이(보드지)에 칼선을 넣어 상자의 옆면 기둥을 세워주는 형태로 조립하고, 겉면에 얇은 종이(110~130g)를 풀칠합니다. 싸개 상자는 보드지를 감싸는 형태이므로 내구성이 강하고 고급스러운 느낌을 줍니다.

보통 부띠끄, 엔젤클로스, 북바인딩클로스, 비단지, 문양인쇄지(120g 이상) 등을 싸개지로 사용합니다. 종이가 얇을 경우엔 풀이 종이에 스며들어 찢어지거나 부착이 어려울 수 있고, 두꺼울 경우엔 꺾임 현상이 생기거나 접착이 떨어지기도 합니다. 풀을 바른 후에는 꼼꼼하고 정성스럽게 문지르고 단단하게 고정해주는 작업이 중요합니다.

도움

0.3mm의 얇은 샤프펜슬로 제도를 합니다. 펜슬이 두꺼울 경우, 상자의 위아래가 맞지 않거나 종이의 크기가 달라질 수 있습니다.

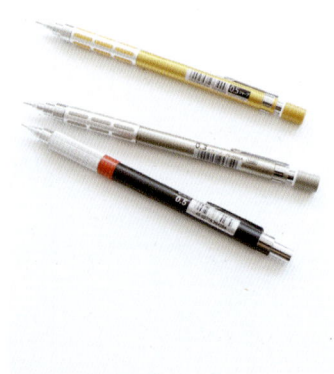

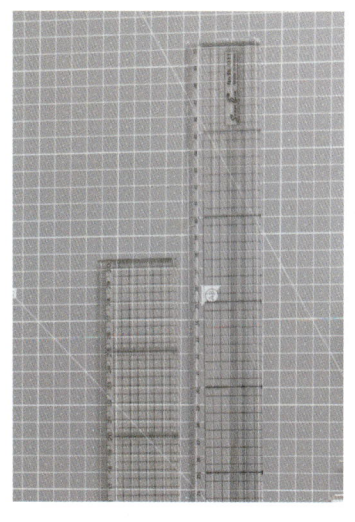 

자마다 미세하게 두께 차이가 날 수 있기 때문에 하나의 작업을 마무리 지을 때까지 같은 자를 사용합니다.

칼날을 1cm 정도로 짧게 뺀 다음 바닥에 가깝게 잡고 여러 번에 걸쳐 자릅니다. 칼날이 길 경우, 날이 흔들려서 종이를 잘못 자르거나 사고가 생길 수 있습니다.

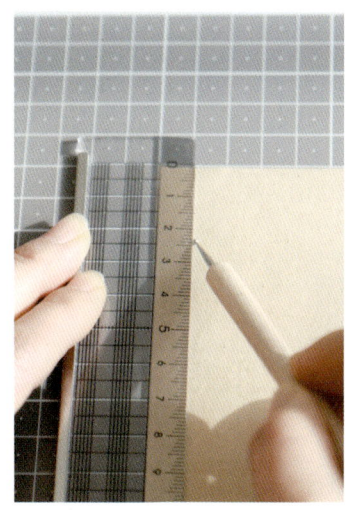  

대부분 200g 이상의 두꺼운 종이를 사용하므로 도트봉으로 누름선을 만들거나 폴더로 접지선을 만들어 작업합니다.

수분이 많은 풀보다는 고체풀이 편리합니다. 사선 모양으로 발라주면 겹쳐지는 부분까지 꼼꼼하게 발라집니다.

풀 바르기

보드지 → 싸개지 순서로 발라줍니다.

풀은 사선으로 바른 뒤에 다시 가로, 세로 방향으로 골고루 발라줍니다.

싸개지 마름하기

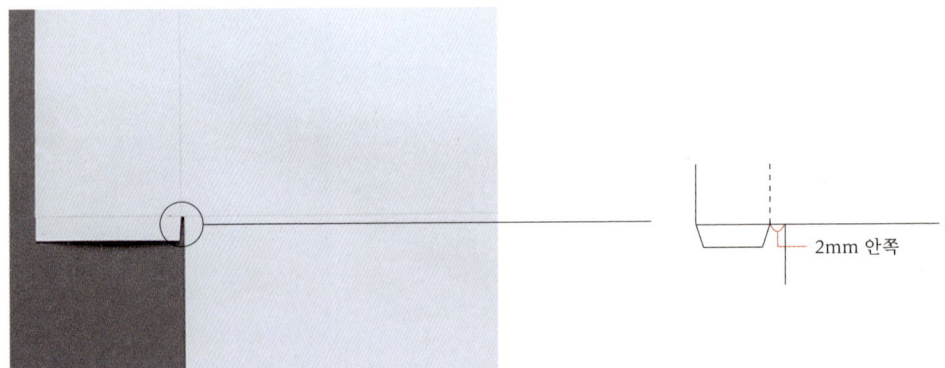

2mm 안쪽

① 보드지의 두께에 따라 싸개지의 크기가 달라집니다. 처음엔 같은 두께의 종이로 붙이다가 점점 두께를 달리해봅니다.
② 바닥과 뚜껑을 만들 때 보드지의 두께만큼 뚜껑의 크기를 키워서 마름합니다.
③ 접지선이 맞닿는 부분은 1~2mm 정도 간격을 낸 후 잘라주어야 싸개지가 밖으로 나오는 걸 막을 수 있습니다.

싸개지 붙이기

싸개지와 보드지 사이에 공기가 차거나 풀이 뭉치지 않도록 손바닥으로 여러 번 문질러 평평하게 만든 후 긁개(스크레이퍼)로 밀어줍니다.

넓은 면적 → 좁은 면적 순으로 붙입니다.
종이를 맞붙이고 도면을 그릴 때는 풀이 완전히 마른 후에 작업합니다.

둘,

다양한 종이 포장법

○ 기초를
  튼튼히

고민 끝에 선물을 준비해서 정성스럽게 포장해놓고도 어딘가 마음에 들지 않아 포장을 벗겨버릴 때가 있습니다. 선물 포장은 기본적인 부분을 잘 마무리하면 생각보다 훨씬 간단합니다. 어린 시절 종이접기를 따라 했던 순간을 떠올려보세요.

선물과 어울리는 종이를 고르고 알맞은 도구를 사용하면 비싼 재료, 번쩍이는 장식 없이도 선물 포장의 완성도가 높아집니다. 여러 번의 연습을 거치면서 기본기를 손에 익혀두면 좋겠습니다.

도움

테이프는 상자 위에 직접 붙이지 않고 접지한 후에 양면테이프로 고정합니다.

상자의 둘레를 감쌀 때는 종이를 위아래로 놓고 부착해주는 것이 밀착력이 좋습니다. 둘레가 단단히 고정되어야 마감할 때 모서리 부분이 찢어지지 않습니다.

칼날을 길게 빼서 바닥에 밀착하고 검지로 중심을 안정감 있게 잡은 다음, 바닥을 쓸어주듯이 종이를 잘라줍니다.

안쪽으로 접어 넣어야 할 경우, 바깥쪽으로 한 번 접어주면 정확하게 접힙니다.

포장지를 마름할 때는 짧은 쪽을 먼저 자르고 긴 쪽을 잘라주어야 합니다.

접지선은 도트봉을 이용하여 누름선을 만든 후 접어줍니다.

양면테이프는 누름선보다 2~3mm 좁은 폭으로 조금씩 벗겨내면서 붙이거나 떼어냅니다.

종이의 결을 확인하고 포장을 시작합니다.

상자와 종이가 만나는 모서리 부분은 누르지 않고 둥그렇게 마무리합니다.

| 낮은 상자 포장 | 일상을 기록하는 다이어리 선물

다이어리나 책처럼 긴네모꼴인 선물을 가장 손쉽게 포장하는 방법입니다. 소중한 사람들의 생일을 옮겨 적고, 새로운 계획을 세우고, 소소한 날들에 대한 감사와 가끔씩 어지러운 마음을 풀어놓기도 하는 다이어리. 연말이나 새해가 되면 쓰기 편한 다이어리를 사서 손편지와 함께 마음을 담아 선물해보세요.

마름

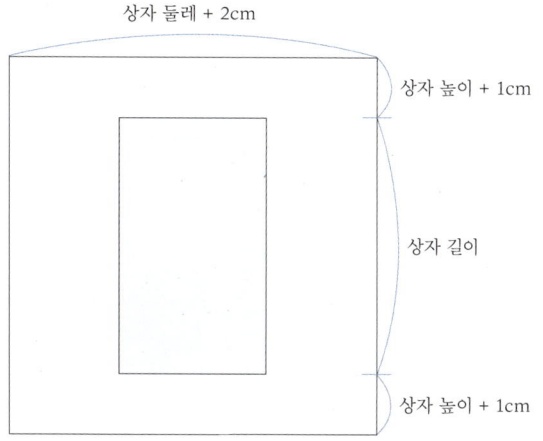

챙김

부띠끄(검은색) 120g, 상자, 양면테이프, 실링왁스 세트, 나일론끈(검은색), 가위

꾸밈

① 부띠끄 중앙에 다이어리를 뒷면이 보이게 올려놓고 1cm를 접지한 후 양면테이프로 붙여줍니다.

② 다이어리의 옆면을 안쪽으로 꺾어줍니다.

③ 접지한 쪽부터 아래로 접어 내립니다.

④ 바닥면을 접어 다이어리에 맞춰 꺾고 여유분은 안쪽으로 접어줍니다. 이때 여유분은 높이 + 1cm로 마름한 부분입니다.

⑤ 종이가 접힌 모양대로 양면테이프를 붙여줍니다.

⑥ 상자의 중심에서 나일론끈을 십자 매기합니다.

⑦ 메시지 카드를 사선으로 끼워줍니다.

⑧ 실링왁스를 이용하여 장식하면 완성입니다.

| 끈 포장 | 직접 준비하는 답례 선물

시대가 변하면서 답례품도 다양해졌지만 끈을 이용한 포장법은 어떤 선물에도 잘 어울립니다. 종이를 접어서 말아주거나 중심에서 모아주어야 하므로 잘 찢어지지 않는 종이를 사용하는 게 좋습니다. 첫 생일을 맞이한 조카를 위해 눈처럼 하얗고 고운 소금을 준비한 후 투명한 용기에 담고 메시지로 장식해보았습니다.

마름

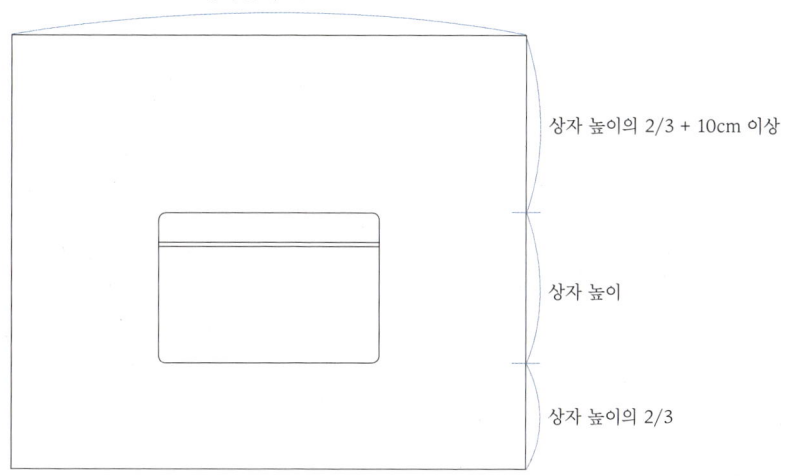

상자 둘레 + 2cm

상자 높이의 2/3 + 10cm 이상

상자 높이

상자 높이의 2/3

챙김

테라 80g, 투명 플라스틱 상자, 양면테이프, 면끈(5mm), 가위, 스티커

꾸밈

① 종이의 한쪽 끝을 1cm가량 접지하고 상자를 눕혀 중심에서 위아래 종이를 양면테이프로 붙여줍니다.

② 접지한 종이를 안쪽으로 조심스럽게 접어줍니다.

③ 양쪽을 차례로 상자에 맞춰 접어줍니다.

④ 옆면이 평평해지도록 바닥면을 ㄷ자로 접고 양면테이프로 고정합니다.

⑤ 윗면은 양쪽을 모아 잡습니다.

⑥ 면끈을 올린 후에 위에서부터 아래로 돌돌 마는 듯이 접어줍니다. 이때 끈이 빠지지 않도록 1cm 간격으로 접습니다.

⑦ 양쪽 모서리를 중심을 향해 꺾어줍니다.

⑧ 끈을 매듭지은 후 메시지 스티커로 장식합니다.

 응용

윗면의 종이를 상자의 중심에서 모아 잡은 후 끈으로 마감해줍니다.

보자기식 포장 1

향기로운 비누 선물

냅킨은 식탁에서뿐 아니라 포장지로도 아주 훌륭합니다. 쿠키나 비누 같은 작은 선물을 포장하기도 좋고 포장을 풀어 다시 냅킨으로 사용할 수도 있습니다. 이런저런 쓰임 때문인지 예쁜 냅킨을 보면 그냥 지나치지 못하고 꼭 사서 모으게 됩니다.

챙김

냅킨, 비누, 면끈(5mm), 가위, 태그

> 꾸밈

① 냅킨을 마름모로 펼치고, 그 위에 비닐을 씌운 비누를 올려줍니다.

② 냅킨의 아래쪽 모서리로 비누를 덮듯이 한번 감싸줍니다.

③ 흔들리지 않게 고정한 채 냅킨을 비누의 옆면에 맞춰 접어줍니다.

④ 모서리는 중심으로 올립니다.

⑤ 반대편도 동일한 방법으로 접어 올린 후 비누의 중심에서 안으로 접어줍니다.

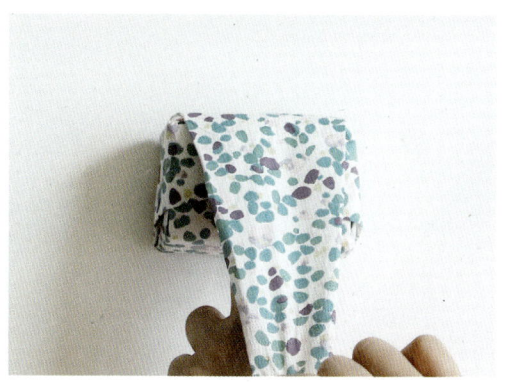

⑥ 위쪽 모서리를 끌어내려 비누의 밑면까지 감싸줍니다.

⑦ 면끈과 태그로 꾸며주면 완성입니다.

| 높은 상자 포장 | 지구를 지키는 텀블러 선물 |

하루에 사용하는 종이컵과 플라스틱컵이 얼마나 될까 헤아려 보니 커피를 한 잔씩만 마셔도 한 달이면 그 양이 어마어마합니다. 일회용 컵을 대신할 텀블러를 긴 상자에 담아 포장해보았습니다. 가방에 넣고 다녀야 하는 수고와 설거지를 해야 하는 번거로움을 받아들인다면 지구는 조금 더 건강해지지 않을까요?

마름

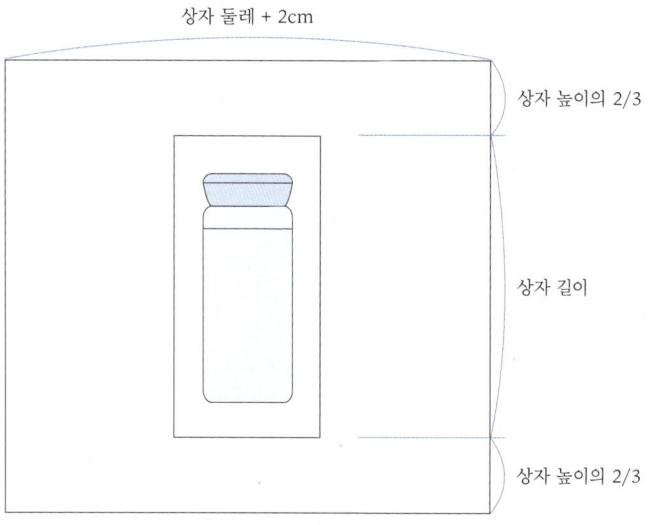

챙김

무늬지 110g, 상자, 양면테이프, 와이어리본(25mm), 가위

꾸밈

① 마름한 종이의 한쪽 가장자리에 양면테이프를 붙입니다.

② 텀블러 상자의 뒷면을 종이의 중심에 놓고 둘레를 감싸줍니다.

③ 접지한 부분부터 상자에 맞춰 접어줍니다.

④ 양쪽 옆면을 차례로 모아서 꺾어줍니다.

⑤ 양면테이프를 V자 모양으로 부착하고 중심을 향해 올려붙입니다.

⑥~⑧ 십자 매기로 매듭짓고 더블보로 마감합니다(4장 참조).

| 리본
주름
포장 | 핸드메이드 라탄 소품 선물

리본의 두께가 두꺼우면 주름을 만들 때 접착력이 좋지 않습니다. 오간디, 레이스처럼 자연스럽게 주름이 접히는 소재로 선물을 장식해보세요.

마름

상자 높이의 2/3

A

상자 높이 + A의 2/3

A

상자 높이 + A

챙김

에코클로스 110g, 상자, 양면테이프, 그라데이션리본(40mm), 가위, 스티커

꾸밈

① 세로로 길게 펼친 종이 위에 상자를 올립니다.

② 아랫면을 상자 위로 올려 종이의 크기를 가늠합니다.

③ 리본을 달아줄 종이의 모양을 디자인한 후 사선으로 잘라줍니다.

④ 자른 부분을 1cm가량 접지하고 양면테이프를 붙입니다.

⑤ 보호종이(이형지)를 벗겨내고 리본을 겹쳐가며 주름을 잡아줍니다.

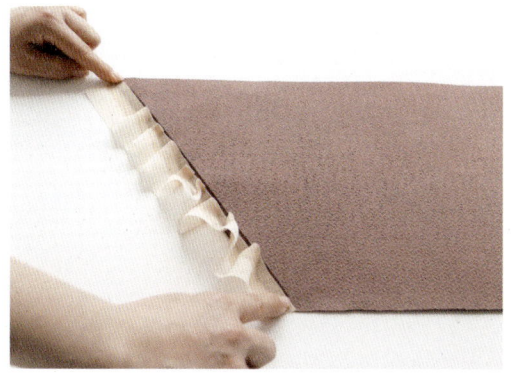

⑥ 상자의 옆면으로 들어가는 부분은 주름을 잡지 않고 평평하게 붙여줍니다.

⑦ 주름 위쪽으로 양면테이프를 붙입니다. 이때 주름이 누워 있는 방향으로 붙여야 합니다.

⑧ 주름진 부분을 원하는 위치에 놓고 이형지를 떼어줍니다.

⑨ 윗면 → 양쪽 옆면 → 아랫면 순으로 접어 Y자 마감을 합니다.

⑩ 스티커로 장식하여 완성합니다.

| 주머니 |
| 포장 |

소소한 살림살이 선물

작은 상자에 쓰임이 좋은 하얀 면보 몇 장을 잘 포개어 담고, 프리저브드 플라워와 카드를 끼워 넣을 수 있는 주머니를 구상해보았습니다.

마름

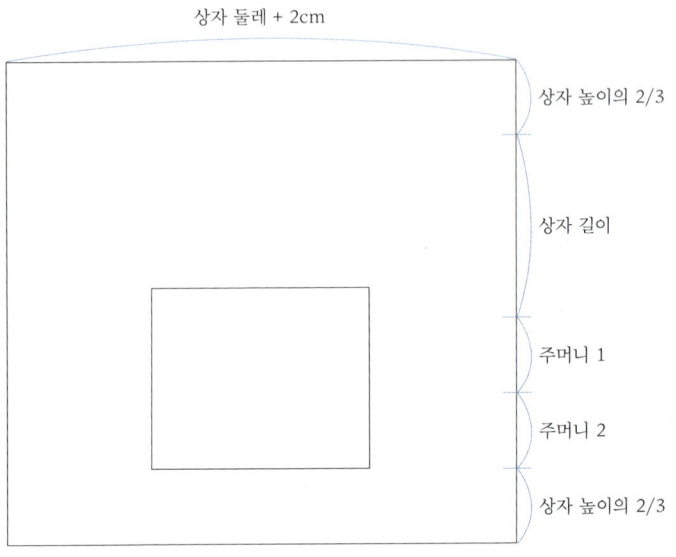

상자 둘레 + 2cm

상자 높이의 2/3

상자 길이

주머니 1

주머니 2

상자 높이의 2/3

챙김

디자이너스 120g, 상자, 펜, 본폴더, 양면테이프, 프리저브드 플라워, 미니 카드

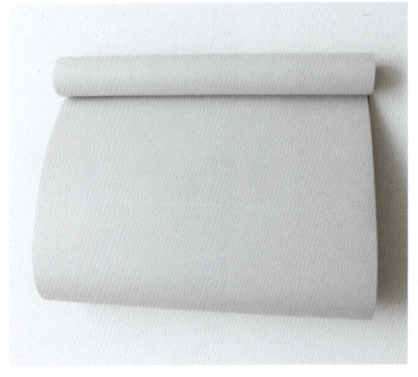

꾸밈

① 상자의 둘레 + 2cm로 마름한 후, 주머니를 만들 지점 두 군데를 펜으로 살짝 표시해둡니다.

② 주머니가 될 지점을 안쪽으로 접어줍니다.

③ 주머니가 될 다른 지점은 바깥쪽으로 접어줍니다.

④ 주머니 형태를 잘 잡아줍니다.

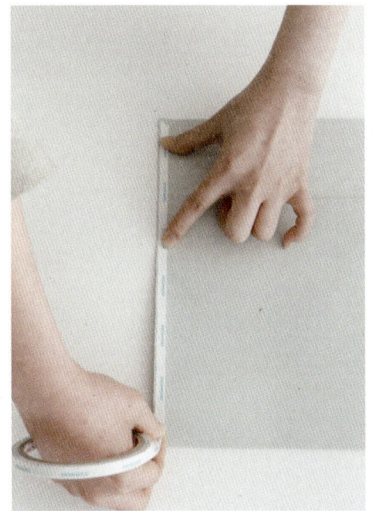 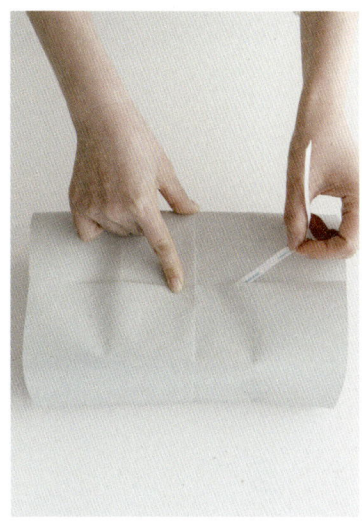

⑤ 가장자리에 양면테이프를 붙인 다음, 상자와 종이의 중심을 맞추고 이형지를 떼어냅니다. 종이를 이미 여러 번 접었기 때문에 따로 접지하지는 않습니다.

⑥ 양면테이프로 마감한 뒷면 → 양쪽 옆면 → 앞면 순으로 잘 접어줍니다.

⑦ 앞면을 접으면서 Y자로 만나는 부분은 안쪽으로 한 번 더 접어서 마무리합니다.

| 띠지 포장 | 고마운 분께 전통주 선물

배색을 이용한 포장법으로 상자를 싸는 종이보다 띠를 두르는 종이에 포인트를 주는 것이 좋습니다. 띠지로 사용할 종이의 폭은 자르지 않고 접어서 만들기 때문에 원하는 폭보다 2배 더 길게 마름해줍니다.

마름

상자 둘레

원하는 폭×2

챙김

한지 2장(두 가지 색상), 상자, 양면테이프, 금속 장식물, 끈(은사), 가위

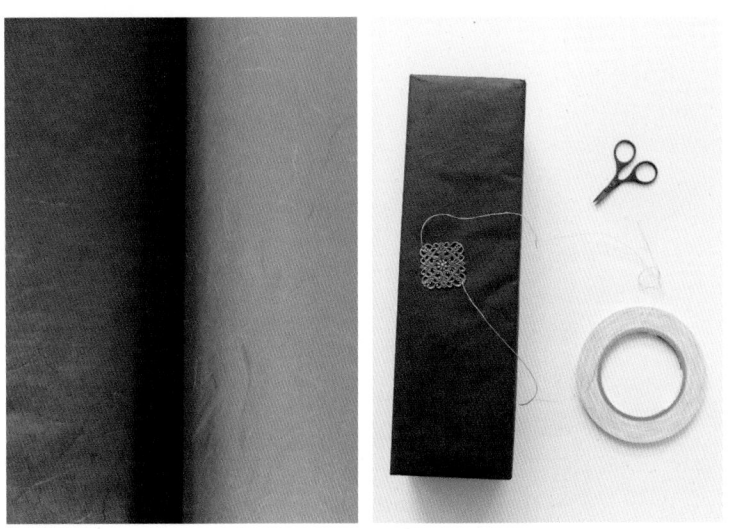

꾸밈

① 검은색 한지로 전통주가 들어 있는 상자를 포장해줍니다.

② 띠지는 상자 둘레와 원하는 폭의 2배로 마름합니다.

③ 양쪽 끝을 삼각형으로 접어줍니다.

④ 위아래 종이를 띠의 중심을 향해 반으로 접어줍니다.

⑤ 상자의 둘레를 띠지로 감싸고 뾰족한 부분이 맞닿도록 중앙으로 맞춰줍니다.

⑥ 금속 장식물 끝에 끈을 연결하여 상자의 뒷면에서 매듭지어 완성합니다.

| 원통형 케이스 포장 | 달콤한 수제캐러멜 선물 |

쿠키를 담은 원형 용기나 캔들을 포장하기에 좋은 포장법입니다. 회전을 하면 포장지가 찢어질 수 있으니 얇아도 강도가 좋은 종이를 선택해서 연습해보세요.

마름

① 틴케이스를 한 바퀴 감싼 종이에 1cm를 더합니다.
② 틴케이스의 지름 + 높이 → 포장할 때는 반지름 부분에 닿게 됩니다.

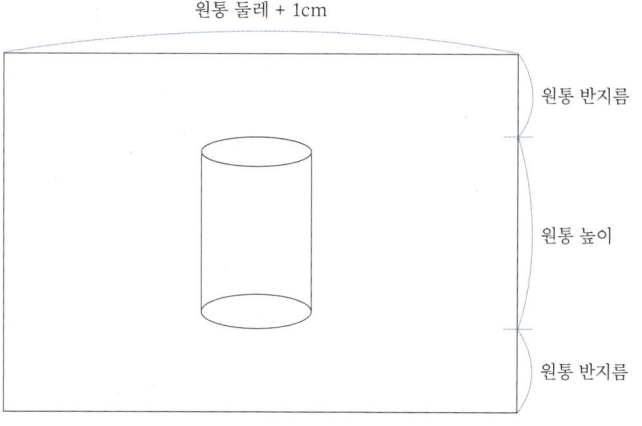

챙김

엠보싱지 110g, 양면테이프, 원통형 틴케이스, 스티커, 실링왁스 세트, 라이터

🔵 꾸밈

① 종이의 가로를 원통형 틴케이스 둘레 + 1cm로 마름합니다.

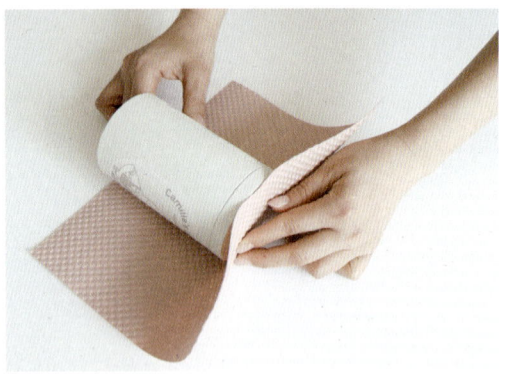

② 종이의 세로를 틴케이스 윗면과 아랫면의 중심에 맞춰 마름합니다.

  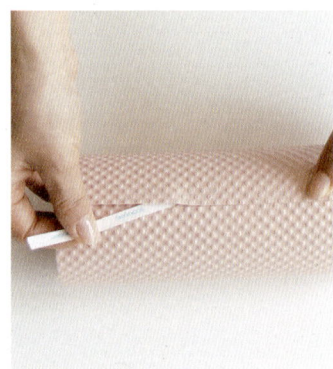

③ 틴케이스 길이만큼 양면테이프를 붙인 후 둘레를 정확하게 맞춰 이형지를 떼어줍니다.

④ 윗면의 접지 부분을 삼각형으로 접어줍니다.

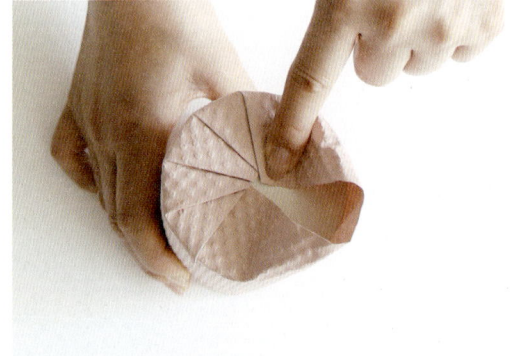

⑤ 원형의 중심을 향해 바깥쪽 종이부터 일정한 간격으로 접어갑니다.

⑥ 시작 지점까지 모두 접어 안쪽으로 넣어줍니다.

⑦ 아랫면도 같은 방법으로 접어줍니다.

⑧ 실링왁스로 윗면과 아랫면을 고정합니다.

⑨ 메시지 스티커로 장식하면 완성입니다.

마법의 꽃가위 선물

시들시들하던 식물도 친구의 손길이 닿으면 눈부신 생명력을 뽐냅니다. 바람이 좋을 땐 바람의 자리로, 볕이 좋을 땐 볕의 자리로 요리조리 식물을 옮겨가며 마법을 부리는 20년 지기에게 꽃가위를 선물했습니다. 보자기식 포장법은 옆면 마감 시 종이를 끌어올려야 하므로 에코클로스, 포프리, 아라라기, 비단지 같은 탄력성이 있는 종이가 좋습니다.

마름

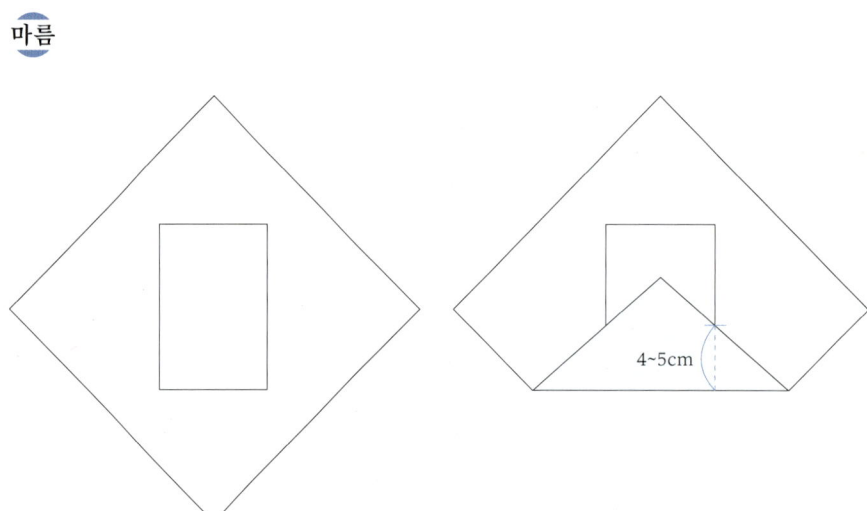

챙김

아라라기 110g, 상자, 종이꽃, 원형 양면테이프, 오간디 주름리본(25mm), 가위

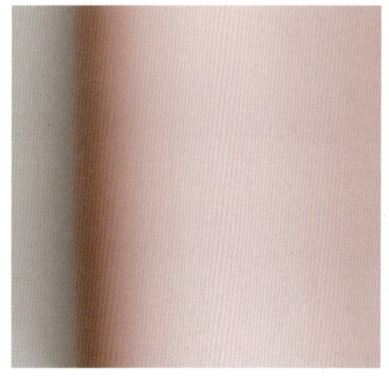

꾸밈

① 종이를 마름모로 펼치고 꽃가위 상자를 길게 올려놓습니다.

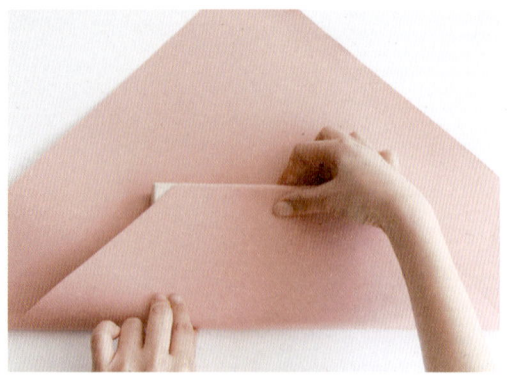

② 아래쪽 종이로 상자를 감싸줍니다.

③ 위쪽 종이를 상자의 중심에서 접어준 후 양면테이프로 고정합니다.

④ 한 손으로 종이를 붙잡고 옆면의 종이를 끌어당깁니다.

⑤ 양쪽 간격을 동일하게 맞추고 모서리를 상자의 중심으로 올려줍니다.

⑥ 반대쪽도 똑같은 방법으로 접어줍니다.

⑦ 접은 종이를 상자의 중심으로 끌어올려 마감선을 맞춰줍니다.

⑧ 마감선이 길 경우 종이를 안쪽으로 접어줍니다.

⑨ 리본으로 마감선을 둘러 고정해주고 원형 양면테이프로 종이꽃을 붙이면 완성입니다.

69

| 중간 상자 포장 | **따듯한 크리스마스 선물**

하얀 종이에 크리스마스 느낌 나는 스탬프를 꾹꾹 찍어 세상에 하나뿐인 포장지를 만들어보세요. 기분 좋은 냄새로 공기를 감싸주는 향초와 디퓨저를 귀여운 크리스마스 소품과 함께 상자에 넣고 포장해보았습니다.

마름

상자 둘레 + 2cm

상자 높이의 2/3

상자 길이

상자 높이의 2/3

챙김

백상지에 스탬핑, 상자, 양면테이프, 끈(은사), 가위, 크리스마스 장식

꾸밈

① 종이의 중심에 상자를 뒤집어서 올려놓고 양쪽 종이를 양면테이프로 붙입니다.

② 움직이지 않게 붙잡고 양쪽 옆면을 상자에 맞춰 접어줍니다.

③ Y로 만나는 지점에서 종이를 바깥쪽으로 한 번 접어줍니다.

④ 안쪽으로 다시 접고, 그 위에 양면테이프를 붙입니다.

⑤ Y자 모양이 딱 맞도록 위치를 확인하고 이형지를 떼어줍니다.

⑥ 은사를 십자 매기로 묶고 장식으로 완성합니다.

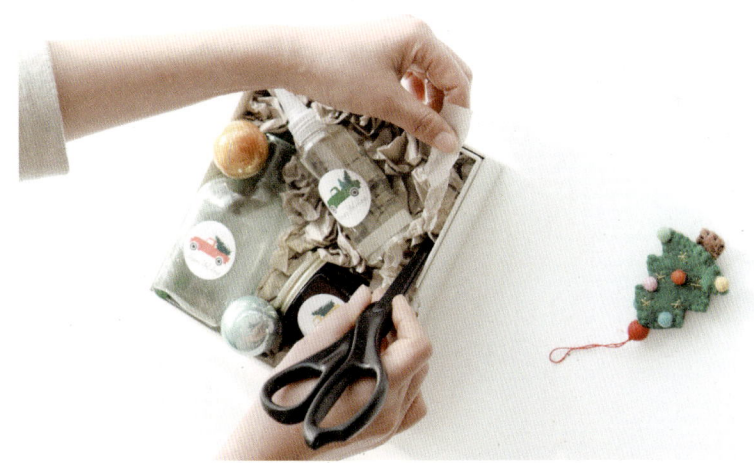

접시 회전 포장

쓸모 있는 그릇 선물

그릇은 별다른 장식 없이도 식탁을 예쁘게 꾸며줍니다. 그릇만 바꿔줘도 그날의 분위기가 달라져서 안 쓰던 그릇도 한 번씩 비장의 무기처럼 꺼내놓게 됩니다. 원형 그릇은 둘레를 빙빙 돌면서 포장하므로 한지, 아라라기, 구김주름지, 포프리, 천 등의 소재가 좋습니다. 여기서는 완충 역할을 할 수 있는 비단지로 접시를 포장해보았습니다.

마름

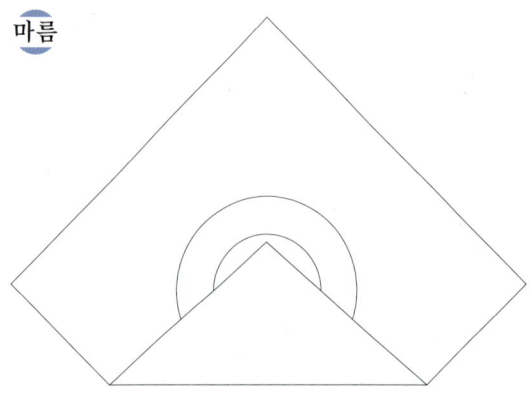

챙김

비단지, 원형 접시, 골직리본(10mm), 가위, 글루건, 가락지매듭

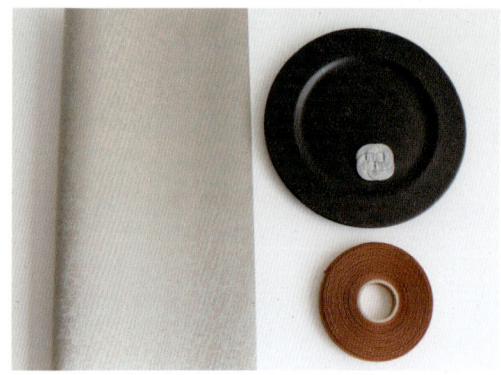

꾸밈

① 마름모로 펼친 종이의 중심에 접시를 올려놓습니다.

② 위쪽 종이를 접시에 맞춰 접습니다.

③ 한 손으로는 접시가 움직이지 않도록 고정하고, 다른 한 손으로는 종이를 끌어올려서 한 방향으로 접어갑니다.

④ 반대편도 동일한 방법으로 접시의 중심을 향해 접어줍니다. 이때 접는 길이와 개수가 양쪽 모두 비슷해야 균형감이 좋습니다.

⑤ 종이 아래쪽은 원하는 폭을 남겨 놓고 모서리를 안쪽으로 접으면서 뾰족하게 만들어줍니다.

⑥ 골직리본을 세로로 길게 두른 다음 글루건으로 고정해줍니다.

⑦ 가락지매듭으로 마무리합니다.

| 주름 포장 | 마음을 채워줄 쿠키 선물

나뭇잎 문양이 새겨진 스탬프를 종이에 콕콕콕 찍어서 만든 포장지로 작은 쿠키 상자를 주름지게 포장해보았습니다. 주름에 따라 종이의 크기가 달라지므로 주름을 잡는 부분을 나중에 마름해야 종이가 모자라는 것을 방지할 수 있습니다.

마름

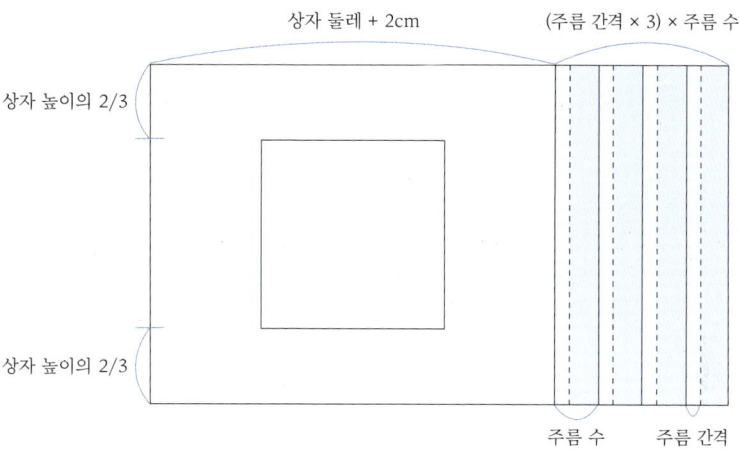

챙김

동양지에 스탬핑, 상자, 양면테이프, 투명테이프, 와이어리본(25mm), 가위, 원형 태그

꾸밈

① 가로로 길게 마름한 종이는 한쪽을 1cm가량 접지하여 양면테이프를 붙입니다.

② 원하는 주름의 크기와 개수를 정하고 안쪽으로 접어줍니다. 주름의 크기가 1cm일 경우, 3cm 간격으로 반복해서 접으면 됩니다.

③ 종이를 뒤집어서 꼬집듯이 1cm 간격으로 접어줍니다. 2cm는 안으로 접혀 들어가고, 1cm는 밖에서 보이는 간격입니다.

④ 주름이 펴지지 않도록 투명테이프로 고정합니다.

⑤ 주름을 원하는 위치에 놓고 접지선 부위에서 양면 테이프로 고정해줍니다.

⑥ 주름이 있는 부분을 상자에 맞춰 접어주고 중간 상자 마감법으로 마무리합니다.

⑦ 리본을 십자 매기하고 태그를 끼워 넣으면 완성입니다.

| 물결 포장 | 포근한 욕실용품 선물

색상별로 동그랗게 말린 수건을 받고는 쓸 때마다 포근한 기분이 들어서 종종 수건을 선물하게 되었습니다. 얇은 소재의 여름 수건과 향 좋은 비누와 거품타월 등을 준비해서 물결 느낌으로 연출해보았습니다. 지기구조는 주름 포장과 동일합니다(78쪽 참조).

마름

① 주름의 간격과 개수에 변화가 있을 수 있으니 종이를 가로로 길게 준비합니다.

② Y자 마감을 위해 상자 높이의 3분의 2만큼 종이를 높여 자릅니다.

챙김

부띠끄 110g, 상자, 투명테이프, 양면테이프, 폴더, 리본, 가위, 태그, 옷핀

🔵 꾸밈

① 종이의 가장자리를 1cm가량 접지하여 양면테이프를 붙입니다.

② 1cm 폭의 주름을 만들기 위해 안쪽으로 3cm를 접어줍니다.

③ 같은 폭으로 다섯 번 정도 접어줍니다.

④ 접힌 종이를 뒤집은 다음 주름마다 1cm씩 꼬집듯이 바깥으로 접어줍니다. 나머지 2cm는 안쪽으로 접혀 들어갑니다.

⑤ 주름이 풀리지 않게 폴더로 한 번씩 눌러준 후 투명테이프로 고정합니다.

⑥ 종이의 중심에 상자를 올리고 주름을 원하는 위치에 놓습니다. 이때 주름이 모서리 쪽으로 몰리지 않도록 합니다.

⑦ 상자의 한쪽 옆면을 Y자 마감으로 마무리합니다.

⑧ 접힌 주름을 반대 방향으로 하나씩 휘어줍니다.

⑨ 가볍게 여러 번 휘어주어야 자연스럽게 물결 모양이 나옵니다.

⑩ 상자에 맞춰 주름을 한 방향으로 접어줍니다.

⑪ 나머지 옆면을 Y자 마감으로 마무리합니다.

⑫ 리본을 길게 묶고 태그로 장식하면 완성입니다.

고소함을 풍기는 참기름 선물

직접 만든 음식을 꼬박꼬박 챙겨주는 친구에게 선물할 참기름을 단정하고 전통적인 방법으로 포장해보았습니다. 이 포장법은 종이를 저고리처럼 여미듯이 접기 때문에 순서를 잘 지켜야 합니다. 오른쪽으로 접기 시작해서 오른쪽으로 마무리해보세요.

마름

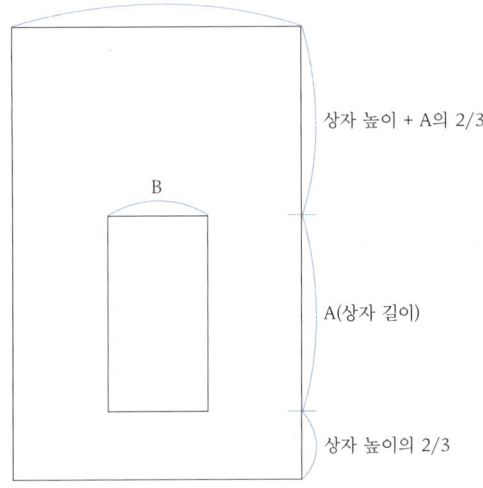
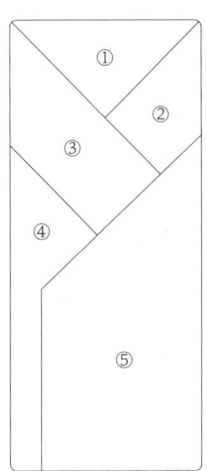

챙김

몽블랑 90g, 상자, 양면테이프, 매듭, 면끈, 가위

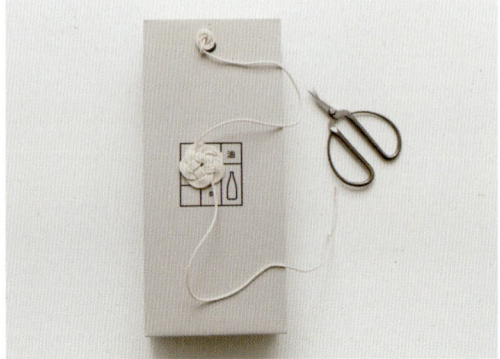

꾸밈

① 마름한 종이를 길게 펼친 다음, 그 위에 상자를 올려놓고 3분의 2 지점까지 덮어줍니다.

② 상자의 옆면을 손으로 고정하고 오른쪽 윗면부터 접어줍니다.

③ 왼쪽도 동일하게 접어서 상자 위로 여며줍니다.

④ 왼쪽 바닥에 있는 종이를 위로 올려서 접어줍니다.

⑤ 오른쪽 바닥에 있는 종이도 같은 방법으로 접어줍니다.

⑥ 양면테이프로 오른쪽 여밈을 고정해줍니다.

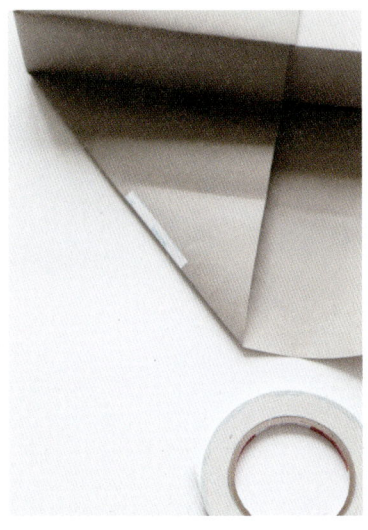

⑦ 왼쪽 여밈도 고정해줍니다. 이때 너무 덕지덕지 붙이지 않아도 됩니다.

⑧ 상자 아랫면을 위쪽 → 양쪽 옆면 → 아래쪽 순으로 접어줍니다.

⑨ 양쪽 옆면에 양면테이프를 붙여줍니다.

⑩ ㄷ자형으로 마감합니다.

⑪ 매듭에 면끈을 연결하여 묶어주면 완성입니다.

죽순 포장	상차림을 완성해줄 수저 선물

한상차림에 놓여도 좋고, 달달한 디저트 옆에 놓여도 근사할 것 같은 유기수저 세트를 준비해서 죽순 모양으로 포장하고 띠지를 끼워 조금 더 고급스럽게 연출해보았습니다. 이 포장법은 상자가 높을수록 폭도 함께 넓어집니다.

마름

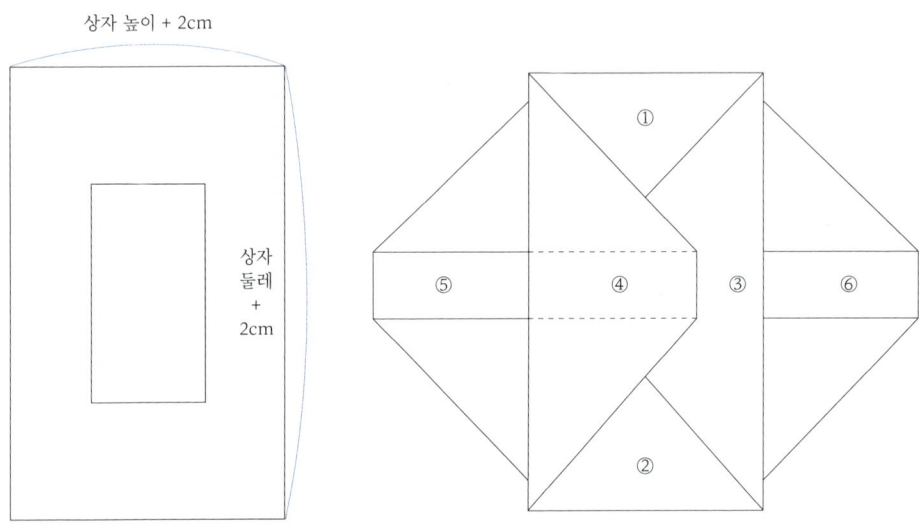

챙김

동양지 110g, 테라 80g, 상자, 양면테이프, 리본(40mm), 가위, 자수 장식, 글루건

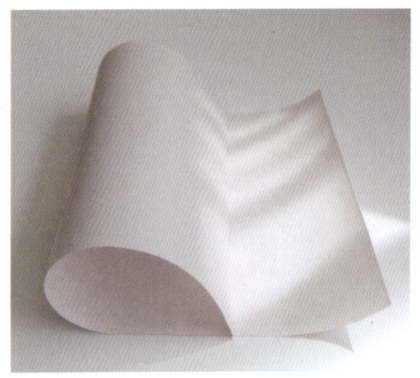
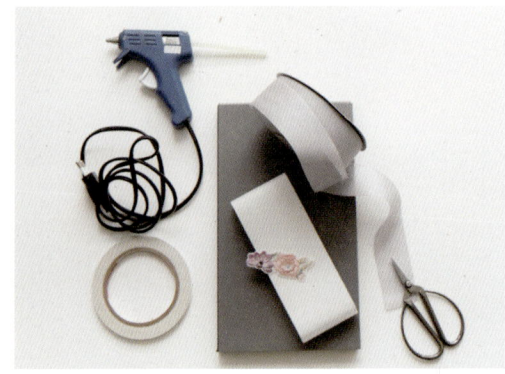

꾸밈

① 마름한 종이를 길게 펼친 다음, 상자를 뒤집어서 올려놓습니다.

② 윗부분 종이로 상자를 덮고 옆면에 맞춰 종이를 접어줍니다.

③ 오른쪽 바닥에 있는 종이도 상자의 옆면에 맞춰 올려줍니다.

④ 양쪽의 간격을 일정하게 맞추면서 왼쪽도 접어줍니다.

⑤ 아랫부분 왼쪽도 같은 방법으로 접어줍니다.

⑥ 아랫부분 오른쪽도 같은 방법으로 접어줍니다.

⑦ 반드시 오른쪽이 올라오도록 순서를 정해서 여며줍니다.

⑧ 다른 종이로 띠지를 만들어 중심에서 둘레를 감싸줍니다.

⑨ 리본으로 한 번 더 둘러줍니다.

⑩ 글루건으로 자수 장식을 붙이면 완성입니다.

| 사방
| 포장 |

11살 태리의 생일 선물

생후 3개월이었던 태리와 함께한 지 11년이 되었습니다. 한결같이 반겨주고, 종종 위로를 주기도 하는 작은 녀석을 위해 좋아하는 간식과 장난감, 여름옷을 상자에 담아 포장해보았습니다. X자 모양으로 마감이 되도록 상자의 중심에서 대각선 방향을 잘 맞춰줍니다. 자를 이용해서 방향을 잡아주어도 좋습니다.

● 마름

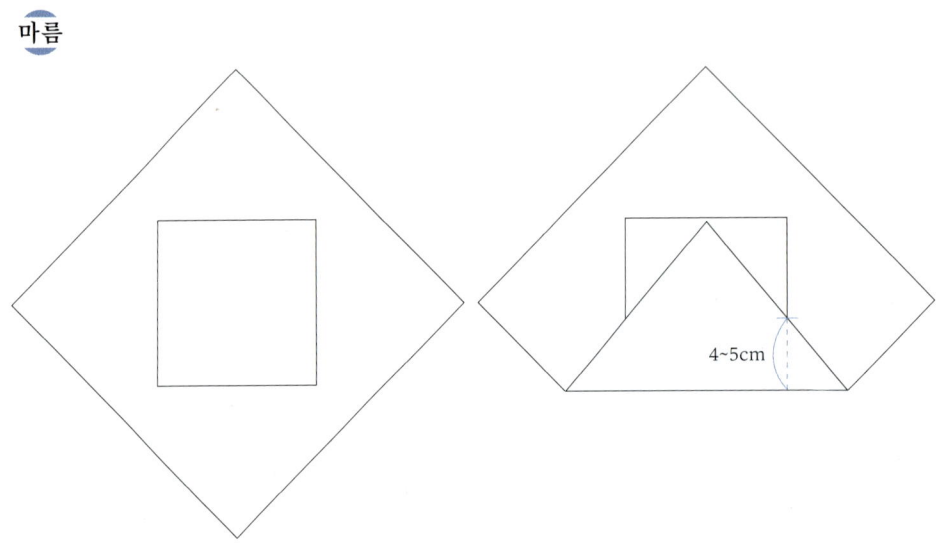

● 챙김

무늬지 110g, 상자, 나비타이, 글루건

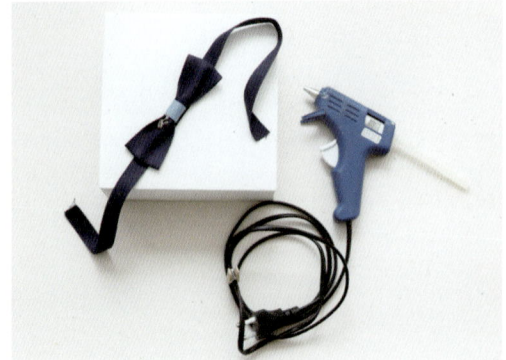

꾸밈

① 종이를 마름모로 펼친 후에 상자를 중앙에 놓고 아래쪽 모서리를 상자 위로 올립니다.

② 상자의 윗면과 옆면의 종이를 직각으로 꺾어 접어 줍니다.

③ 옆면의 모서리 부분을 중심으로 올리면서 안쪽을 대각선 방향으로 접어줍니다.

④ 모서리와 대각선을 이루도록 위치를 잡아줍니다.

⑤ 한쪽 방향으로 회전해가며 같은 방법으로 종이를 접어줍니다.

⑥ 남은 종이는 양쪽 모두 옆면을 직각으로 꺾어 상자 위로 올려줍니다.

⑦ 대각선이 되도록 종이를 접어줍니다.

⑧ 남는 부분을 종이 안쪽으로 밀어 넣습니다.

⑨ 상자 위에 접힌 선들이 대각선이 되도록 매만집니다.

⑩ 나비타이를 중앙에 부착하면 완성입니다.

셋,

지기구조 활용법

(천천히
  세밀하게)

종이를 상자로 만들 수 있는 짜임새를 지기구조(紙器構造)라고 하는데, 도면 또는 도안이라고도 부릅니다. 종이에 지기구조를 그린 다음 불필요한 부분을 잘라내고 접으면 선물 상자가 만들어집니다. 종이의 두께, 물림새, 싸개지와의 결합 여부 등에 따라 결과물이 달라지므로 천천히 세밀하게 작업해야 합니다. 섬세한 작업인 만큼 도구를 잘 활용하면 작품의 완성도가 높아집니다.

미니 간식팩 선물

포장을 하고 남은 종이 중 긴네모꼴을 골라서 초코바나 사탕 등을 넣을 수 있는 종이팩을 만들어보았습니다. 스트레스를 날려줄 달달한 간식을 넣어 선물해보면 어떨까요?

마름

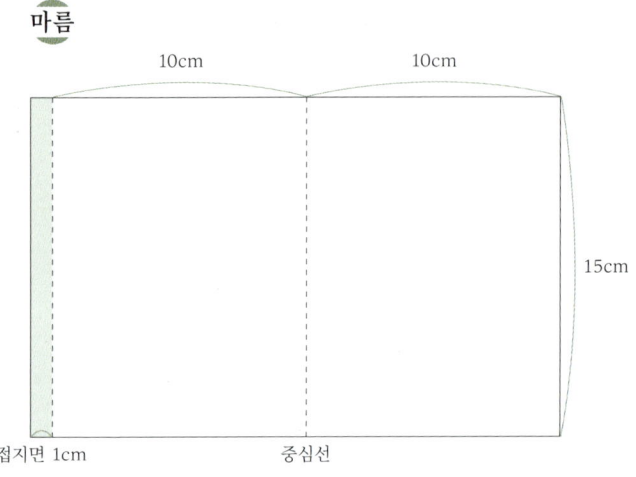

10cm 10cm 15cm
접지면 1cm 중심선

챙김

자투리 종이 90~150g, 양면테이프, 스티커

 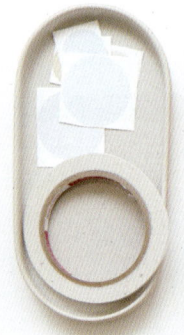 

꾸밈

① 한쪽 가장자리에 접지면을 1cm가량 만듭니다.

② 종이를 반으로 살짝 접어 중심을 확인합니다. 이때 접힌 선이 생기지 않도록 조심합니다.

③ 접지면과 중심선까지 절반의 가장자리에 양면테이프를 붙입니다.

④ 종이를 반으로 살짝 접고 양면테이프의 이형지를 떼어냅니다.

⑤ 접지선을 중심으로 반대 방향으로 눌러줍니다.

⑥ 간식을 넣고 입구 쪽을 물려 접은 후 스티커로 마무리합니다.

양면 봉투

예쁜 현금 봉투

예의를 중시하는 우리 문화의 특성상 현금을 건넬 땐 조금 더 신경을 쓰는 것이 좋습니다. 현금 봉투를 사지 말고 종이를 직접 오리고 붙여서 상대에게 꼭 맞는 봉투를 만들어보세요. 종이가 얇은 경우, 또는 내부와 외부의 느낌을 다르게 하고 싶을 때는 종이를 두 겹 붙여서 작업합니다. 이때 풀로 붙인 후 완전히 말린 상태에서 작업해야 종이가 갈라지지 않습니다.

마름

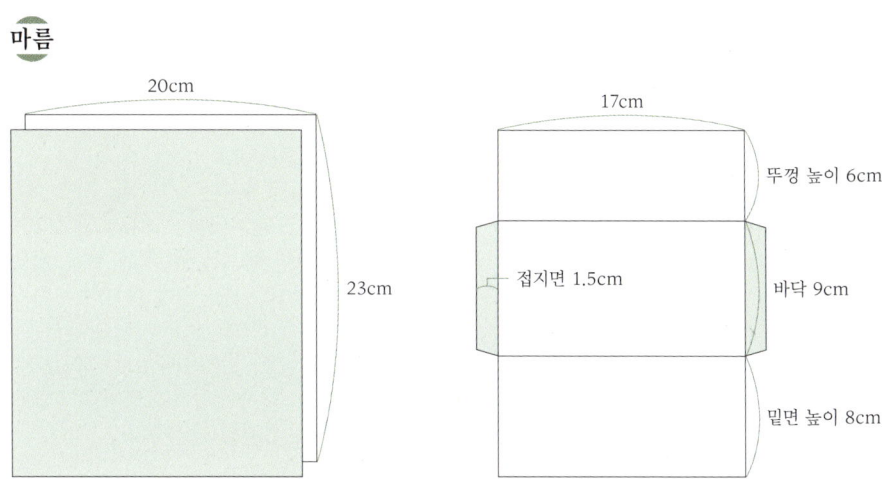

챙김

겉지(따소띠 120g), 속지(퍼스트빈티지 150g), 풀, 긁개, 샤프펜슬, 자, 도트봉, 양면테이프, 코너커터, 원형 펀치(20mm), 아일릿 세트, 나일론끈, 가위

꾸밈

① 두께감이 있는 속지에 풀을 골고루 바릅니다. 풀이 뭉치거나 공기가 들어가지 않도록 중앙에서 밖을 향해 손으로 밀어준 후 긁개로 다시 밀어서 겉지와 속지를 밀착시키고 충분히 말려줍니다.

② 속지를 위로 놓고 봉투의 도안을 그립니다.

③ 모양대로 잘라준 다음, 도트봉으로 접지선을 눌러줍니다.

④ 밑면의 양쪽 가장자리를 양면테이프로 접지면에 붙여줍니다.

⑤ 뚜껑이 되는 부분은 코너커터로 동그랗게 만들어줍니다.

⑥ 원형 펀치로 뚜껑 부분의 종이를 찍어내고 아일릿으로 나일론끈을 연결합니다.

쇼핑백형 상자 | 봄철 화분 선물

봄이 되면 책상 한쪽에 작은 식물 하나를 두고 싶어집니다. 토분 질감이 느껴지는 종이로 만든 상자에 애플민트와 데이지를 담아 봄의 향긋함을 나에게 선물하려고 합니다.

마름

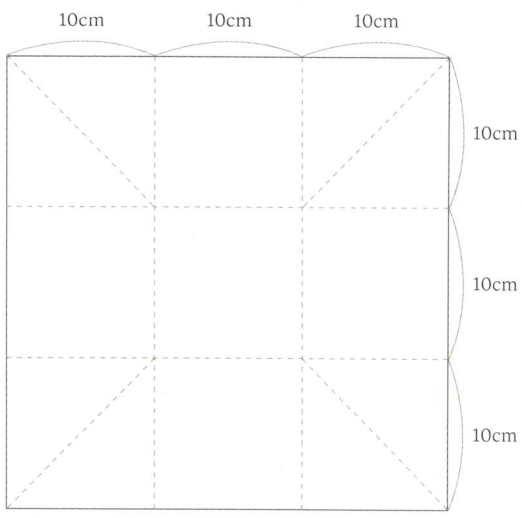

챙김

GA크라프트보드지 350g, 색화지, 자, 샤프펜슬, 도트봉, 집게, 아일릿 세트, 면끈(5mm), 가위

꾸밈

① 보드지에 가로세로가 똑같은 정사각형 9개를 그린 다음, 모서리에는 대각선을 그려줍니다.

② 자를 대고 도트봉으로 접지선을 눌러줍니다.

③ 접지선을 모두 접어줍니다.

④ 흐트러지지 않도록 집게로 고정해줍니다.

⑤ 겹겹이 접힌 양쪽 옆면에 펀치로 아일릿 작업을 해줍니다.

⑥ 면끈을 넣고 안쪽에서 매듭을 묶어줍니다.

⑦ 양쪽 면끈의 길이를 동일하게 맞춥니다.

⑧ 화분을 색화지로 한번 감싸서 상자 안에 넣어주면 완성입니다.

| 쇼핑백 | 맞춤형 책 선물

물건을 사고 받아둔 쇼핑백이 많아도 막상 쓰려고 하면 딱 맞는 크기를 찾기 어렵습니다. 그럴 땐 구겨지거나 오염된 쇼핑백의 끈을 활용해서 쇼핑백을 만들어보세요. 쇼핑백은 포장하기 애매한 모양의 물건을 담기에 적합하고 물건의 크기에 맞게 맞춤제작이 가능합니다. 쇼핑백의 바닥면, 옆면, 윗부분을 접을 때 도트봉과 폴더를 이용하면 접지선이 잘 잡혀 정확하게 마무리가 됩니다.

마름

책 둘레 + 2~3cm

윗면 + 여유 10cm 이상

책 세로

밑면 + 3~4cm

밑면 접는 순서

① ④ ② ③

 챙김

레더텍스 130g, 양면테이프, 자, 도트봉, 아일릿 세트, 팁끈(쇼핑백 손잡이끈)

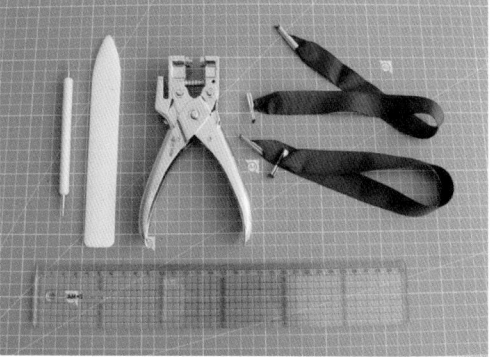

꾸밈

① 책의 둘레를 잰 후에 종이를 마름 합니다.

② 접지면을 1cm가량 접은 다음 양면 테이프를 길게 붙여 책이 들어갈 공간을 만들어줍니다.

③ 바닥면이 될 부분을 책의 두께보다 3~4cm 정도 위쪽으로 한 번 접어줍니다.

④ 바닥면의 옆면을 벌려서 양쪽 모두 접어줍니다.

⑤ 아래쪽 종이를 중심선에서 1cm 위로 접어 올려줍니다.

⑥ 반대편 종이도 중심선에서 1cm 아래로 접은 후 양면테이프로 고정합니다.

⑦ Y자로 만나는 지점을 기준으로 옆면을 앞뒤로 접어줍니다.

⑧ 쇼핑백의 윗면도 원하는 크기로 접어 안쪽으로 넣고 폴더로 접지선을 깨끗이 마무리해줍니다.

⑨ 아일릿 펀치로 구멍을 내고 팁끈을 양쪽으로 넣어 완성합니다.

일체형 상자

귀여운 양말 선물

양말 하나가 쏙 들어갈 작은 상자를 만들고 친구들의 이니셜로 만든 스티커를 부착해보았습니다. 다들 좋아해주겠죠?

마름

챙김

키칼라 350g, 자, 샤프펜슬, 칼, 도트봉, 양면테이프(10mm, 20mm), 코너펀치, 링라벨, 송곳, 면끈(5mm), 가위, 이니셜 스티커

꾸밈

① 위아래 뚜껑, 옆면의 접지면을 포함하여 상자를 그린 후에 남은 부분은 칼로 잘라냅니다.

② 도트봉으로 접지선을 그어주고 칼선 부분은 잘라줍니다.

③ 종이를 안쪽으로 모두 접습니다.

④ 정사각형으로 접은 다음 접지면에 10mm 양면테이프를 붙입니다.

⑤ 바닥이 되는 부분엔 20mm 양면 테이프를 붙입니다.

⑥ 뚜껑이 되는 부분은 코너커터로 동그랗게 만들어줍니다.

⑦ 끈이 들어갈 부분에 링라벨을 붙이고 송곳으로 뚫어줍니다.

⑧ 양쪽 뚜껑을 끈으로 끼워줍니다.

⑨ 상자에 양말을 넣고 끈으로 리본을 만든 후에 이니셜 스티커를 붙이면 완성입니다.

☆★★

창이 있는
접이식
상자

화려한 스카프 선물

스카프나 머플러 같은 천은 창으로 무늬를 볼 수 있게 포장하는 것이 좋습니다. 두께감이 있을 때는 높이를 조정해주고, 창을 만들 필름지가 없을 때는 옷 포장용 폴리백을 이용하면 됩니다.

마름

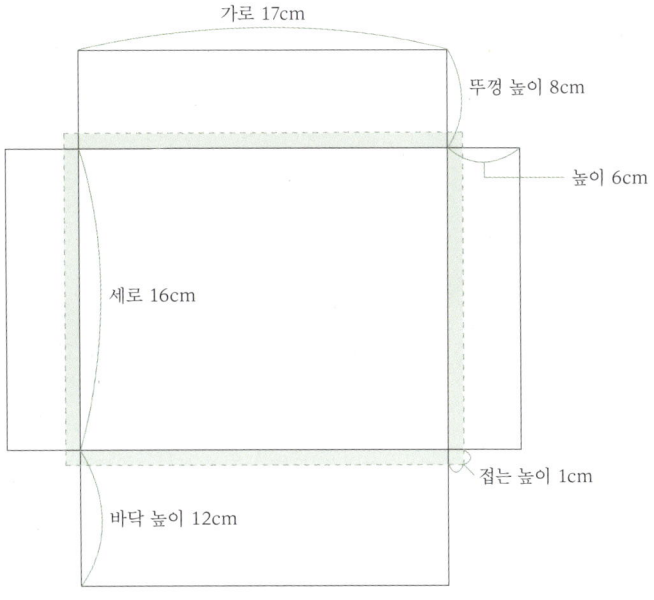

- 가로 17cm
- 뚜껑 높이 8cm
- 높이 6cm
- 세로 16cm
- 접는 높이 1cm
- 바닥 높이 12cm

챙김

크린에코 302g, 자, 샤프펜슬, 칼, 도트봉, OHP필름, 헤링본리본(10mm), 가위, 코너커터, 스티커

꾸밈

① 종이에 도안한 후에 불필요한 부분은 잘라냅니다.

② 모서리를 코너커터로 모두 동그랗게 만듭니다.

③ 자를 대고 접지선을 도트봉으로 그어줍니다.

④ 원하는 모양으로 창을 낸 후에 양 옆의 날개를 안쪽으로 접어줍니다.

⑤ 창의 가장자리에 OHP필름을 양면 테이프로 붙입니다.

⑥ 스카프를 고이 접어 넣어줍니다.

⑦ 양옆, 아래, 위를 덮고 스티커로 마무리합니다.

⑧ 헤링본리본으로 사선 매기하면 완성입니다.

분리형 싸개 상자

마음이 담긴 그릇 선물

그릇은 자칫 깨질 수 있으므로 상자에 담아 포장하는 것이 좋습니다. 그릇의 크기에 맞게 상자를 제작해서 포장하면 멋진 선물이 됩니다. 단단한 보드지에 예쁜 무늬지를 입혀주세요. 풀을 바른 후엔 손으로 먼저 고르고 폴더를 이용하여 마무리합니다.

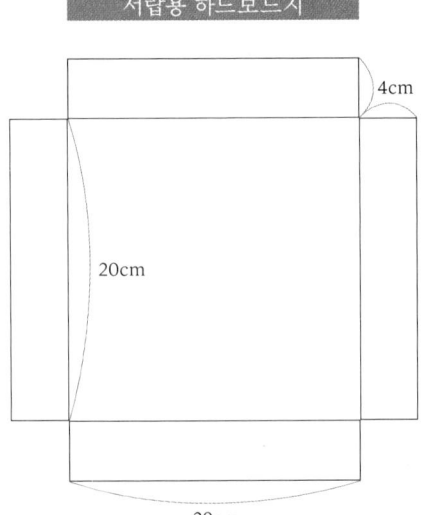

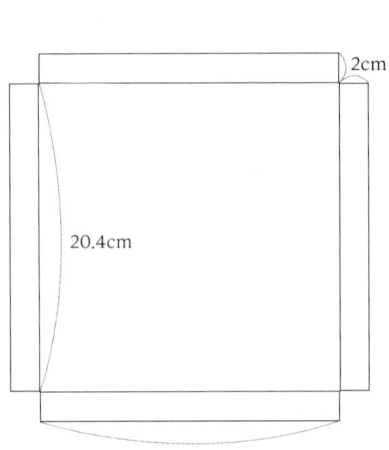

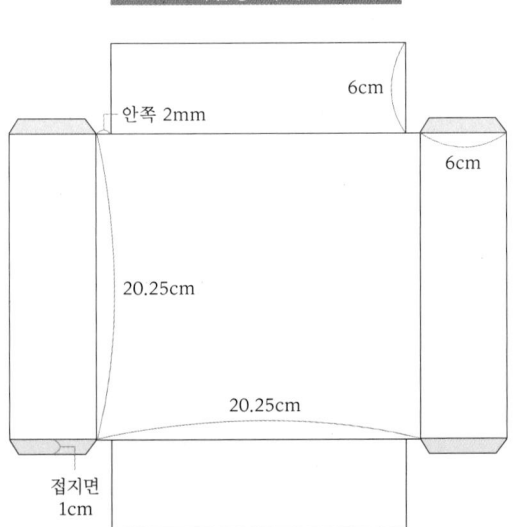

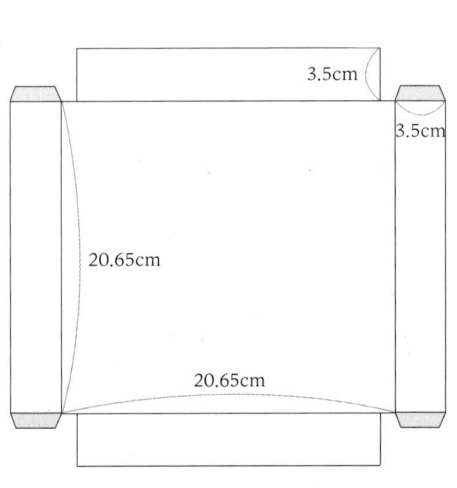

챙김

하드보드지(버크셔 1.2mm), 싸개지(무늬지 120g), 샤프펜슬, 자, 도트봉, 칼, 마스킹테이프, 고체풀, 폴더, 긁개, 끝이 뾰족한 미니 가위

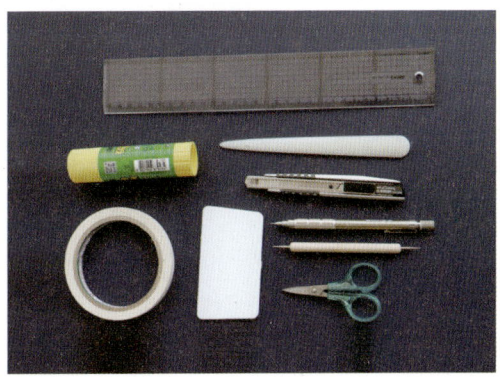

꾸밈 상자

① 보드지에 상자를 도안합니다.

② 기둥이 되는 부분을 제외하고 칼로 잘라냅니다.

③ 자를 대고 칼선을 넣어줍니다.

④ 보드지의 접힘 상태를 확인해가며 여러 번에 걸쳐 칼선을 넣어줍니다.

⑤ 각 면을 세워 모서리를 만들고 마스킹테이프를 상자 위 1cm 정도까지 올려붙여 고정해줍니다.

⑥ 상자 위로 올라온 마스킹테이프는 끝이 뾰족한 가위로 반을 가른 후에 상자 안쪽으로 붙여줍니다. 모서리 부분을 잘 붙여주어야 싸개 작업 시 울퉁불퉁해지지 않습니다.

⑦ 나머지 모서리를 모두 꼼꼼히 작업해줍니다. 상자를 밀면서 작업할 경우, 모양이 휘어질 수 있으니 주의합니다.

⑧ 뚜껑이 될 위쪽 상자도 아래쪽 상자와 같은 방법으로 만들어줍니다. 이때 아래쪽 상자의 보드지 두께만큼 크기가 커야 위아래의 합이 맞습니다.

도움

칼선을 넣을 때 보드지가 잘려나가지 않도록 조심합니다.

꾸밈 싸개

① 무늬지에 바닥용, 뚜껑용을 구분하여 도안합니다.

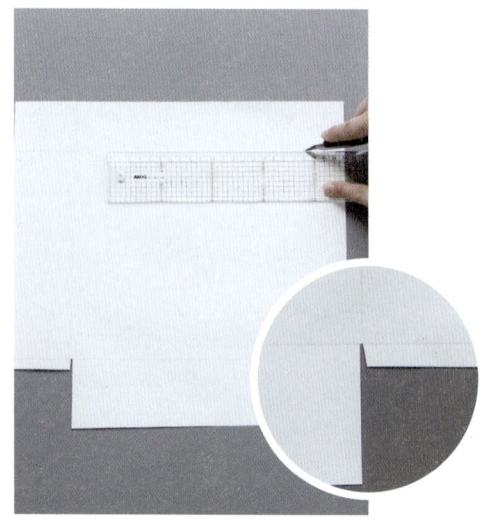

② 접지면을 제외하고 불필요한 부분을 잘라냅니다. 맞닿는 부분은 안쪽으로 2mm를 사선으로 잘라줍니다.

③ 상자의 바닥에 풀을 바르고, 싸개지의 바닥면에도 골고루 발라줍니다.

④ 상자를 싸개지 위에 정확하게 올려줍니다.

⑤ 손바닥으로 바닥면의 안쪽에서 바깥쪽으로 밀면서 보드지와 싸개지를 밀착시킵니다.

⑥ 손으로 충분히 밀착시킨 후 긁개로 다시 밀어줍니다. 경계가 되는 옆면도 들뜨지 않도록 꼼꼼히 작업합니다.

⑦ 접지면이 있는 쪽부터 보드지 → 싸개지 순서로 풀을 발라줍니다.

⑧ 모서리 부분을 가위로 잘라준 후 상자 안쪽으로 넣어서 고정합니다. 긁개로 안쪽, 바깥쪽을 문질러서 싸개지가 뜨지 않도록 합니다.

⑨ 접지선이 있는 부분을 모두 마무리합니다.

⑩ 나머지 면의 싸개지도 안쪽으로 넣어주면 바닥 상자가 완성됩니다.

⑪ 뚜껑 상자도 동일한 방법으로 작업합니다.

★★★

여닫이식 싸개 상자

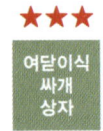

마스킹테이프 보관함

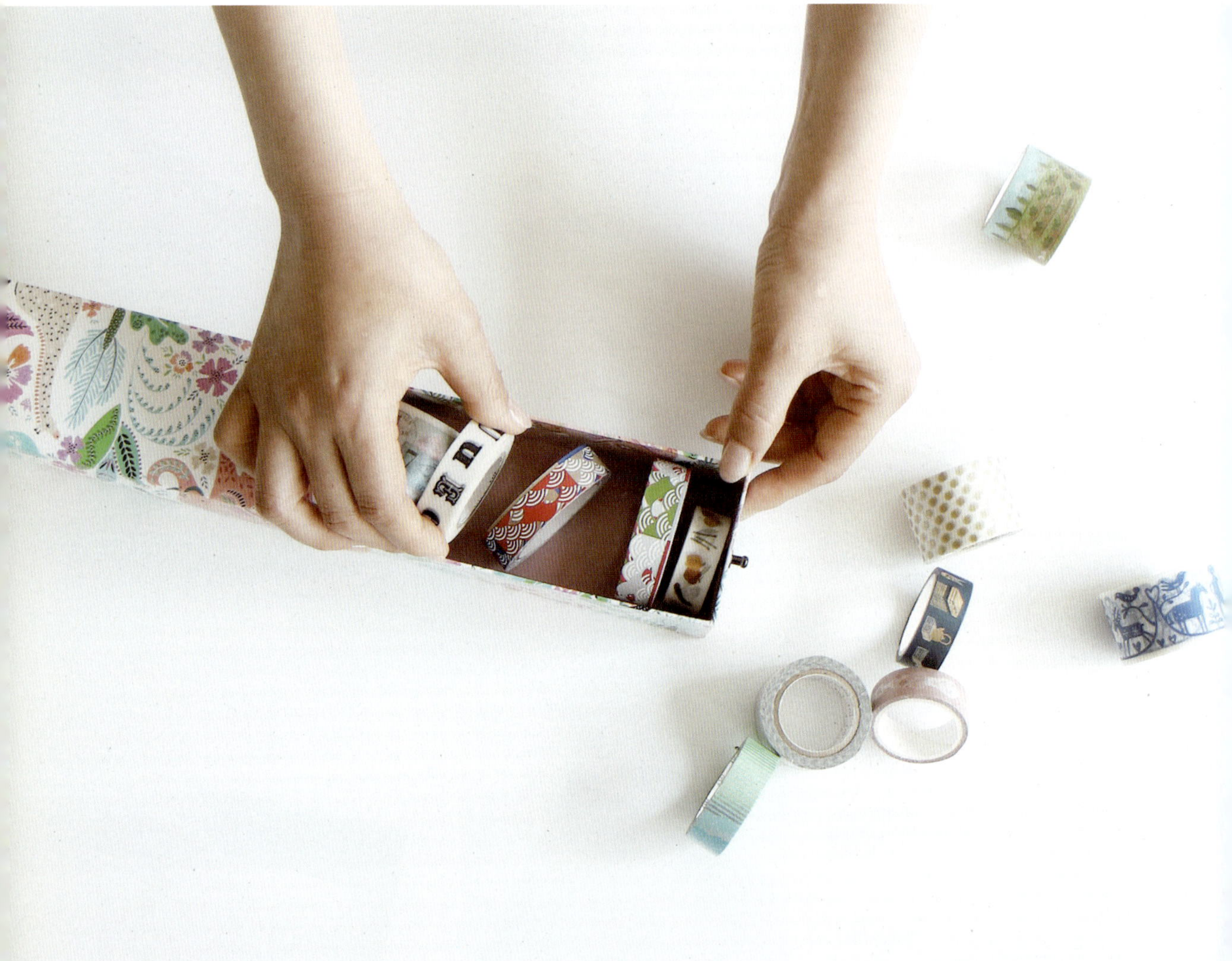

마스킹테이프를 사서 모았더니 양이 꽤 많아져서 여닫이식 보관함을 만들어보았습니다.
여기저기 굴러다니는 필기구를 넣어도 좋습니다.

마름

서랍용 하드보드지

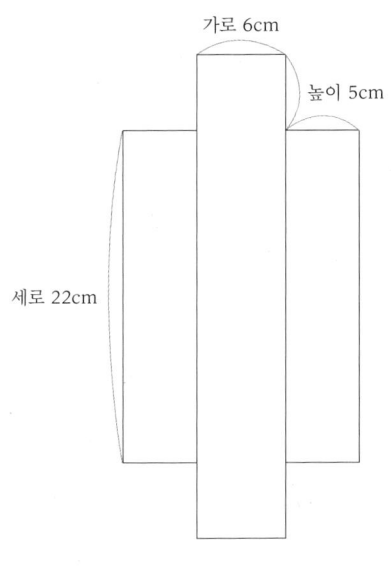

가로 6cm
높이 5cm
세로 22cm

서랍용 싸개지

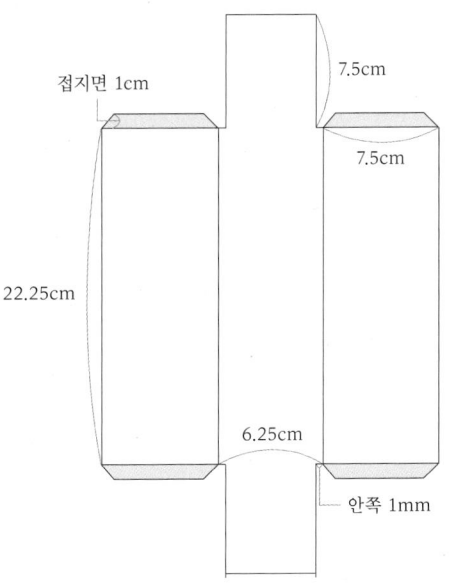

접지면 1cm
7.5cm
7.5cm
22.25cm
6.25cm
안쪽 1mm

뚜껑용 종이

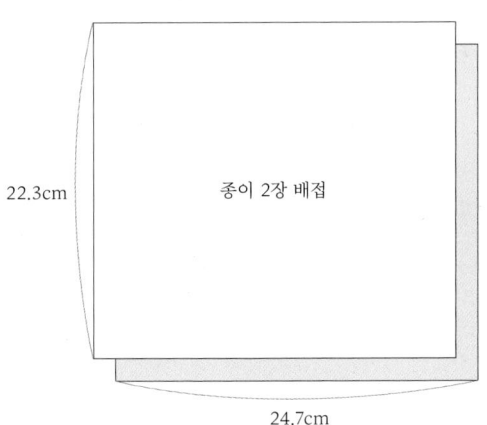

22.3cm
종이 2장 배접
24.7cm

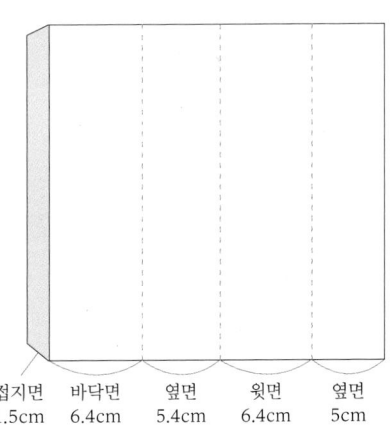

접지면 1.5cm | 바닥면 6.4cm | 옆면 5.4cm | 윗면 6.4cm | 옆면 5cm

챙김

하드보드지(버크셔 1.2mm), 싸개지(무늬지 100g), 서랍 바닥용 종이(키칼라 350g), 샤프펜슬, 자, 칼, 마스킹테이프, 도트봉, 긁개, 고체풀, 끝이 뾰족한 미니 가위, 솔트레지, 폴더

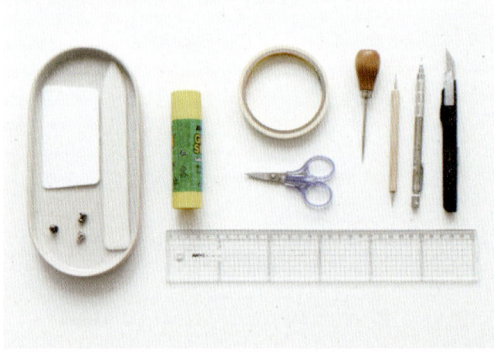

꾸밈 서랍용 상자

① 보드지에 서랍용 상자를 정확하게 도안합니다.

② 기둥이 되는 높이 부분을 제외하고 남은 부분을 잘라낸 후 칼선을 넣어줍니다.

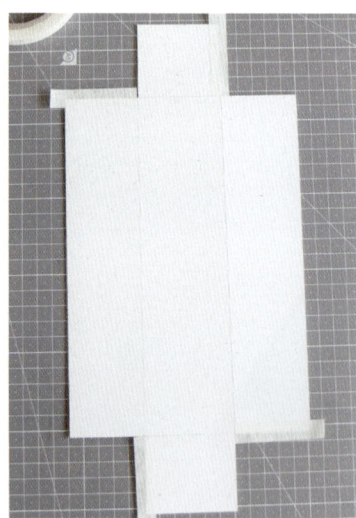

③ 모서리가 되는 부분에 마스킹테이프를 붙입니다.

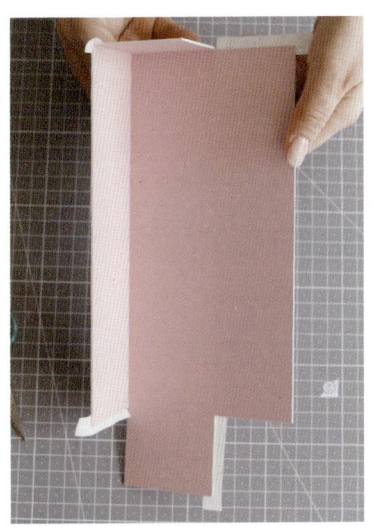 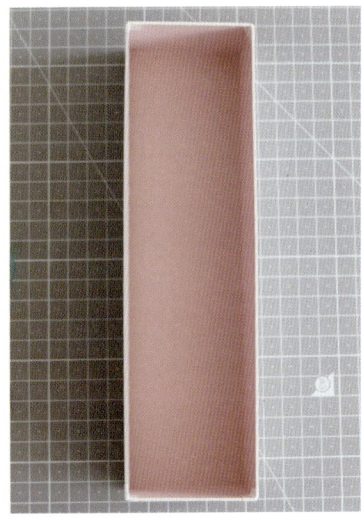

④ 서로 어긋남 없이 정확하게 맞춰서 고정해줍니다. 안으로 접히는 부분은 가위로 잘라 뜨지 않게 붙여줍니다.

⑤ 모서리를 모두 마감해주면 완성입니다.

꾸밈 서랍용 싸개

① 싸개지에 보드지 도안에서 접지면을 추가하여 그려넣습니다.

② 불필요한 부분을 칼로 잘라냅니다.

③ 접지면 안쪽은 2mm가량 사선으로 잘라줍니다.

④ 도트봉으로 접지선을 긋고 한 번씩 접어두면 풀을 바를 때 편리합니다.

⑤ 보드지 서랍의 아랫부분에 풀칠을 해줍니다.

⑥ 싸개지에도 꼼꼼하게 풀을 발라줍니다.

⑦ 싸개지 위에 서랍을 올리고 손과 굵개를 이용하여 보드지와 싸개지를 단단하게 고정합니다.

⑧ 접지면이 있는 옆면부터 보드지 → 싸개지 순서로 풀을 발라 붙이고, 모서리 부분은 가위로 잘라 안쪽으로 넣어줍니다.

⑨ 나머지 면의 싸개지도 안쪽으로 넣어 작업하면 서랍이 완성됩니다.

⑩ 양쪽 옆면 중앙을 송곳으로 뚫어줍니다.

⑪ 솔트레지를 넣어 고정합니다.

꾸밈 뚜껑용 상자

① 안쪽과 바깥쪽의 종이 2장을 크기대로 잘라서 준비합니다.

② 먼저 안쪽 종이에 풀을 바릅니다.

③ 바깥쪽 종이에도 풀을 바른 후에 손바닥과 긁개를 이용하여 종이를 밀착시킵니다.

④ 무게감 있는 책으로 눌러 단단하게 고정해줍니다.

⑤ 충분히 마르면 안쪽 종이에 도안을 그립니다.

⑥ 접지면 양끝을 사선으로 잘라줍니다. 일자일 경우에는 붙였을 때 모서리가 밖으로 나올 수 있습니다.

⑦ 도트봉으로 접지선을 긋고 접지면에는 양면테이프를 붙입니다.

⑧ 이형지를 떼어내고 폴더로 바깥쪽과 안쪽 모두 단단하게 고정해줍니다.

도움

풀을 바른 후 충분히 말려주어야 접지선 작업, 고정 작업 시 종이가 들뜨거나 찢기지 않습니다.

위아래 상자를 동일한 소재로 만들어도 좋습니다.

★★★

ㄷ자형
상자

핸드메이드 뜨개인형 선물

손으로 하는 일을 하다 보니 손으로 만든 물건을 보면 더 애착이 생깁니다. 이제 갓 돌을 넘긴 조카에게 선물할 뜨개인형 상자를 만들어보았습니다.

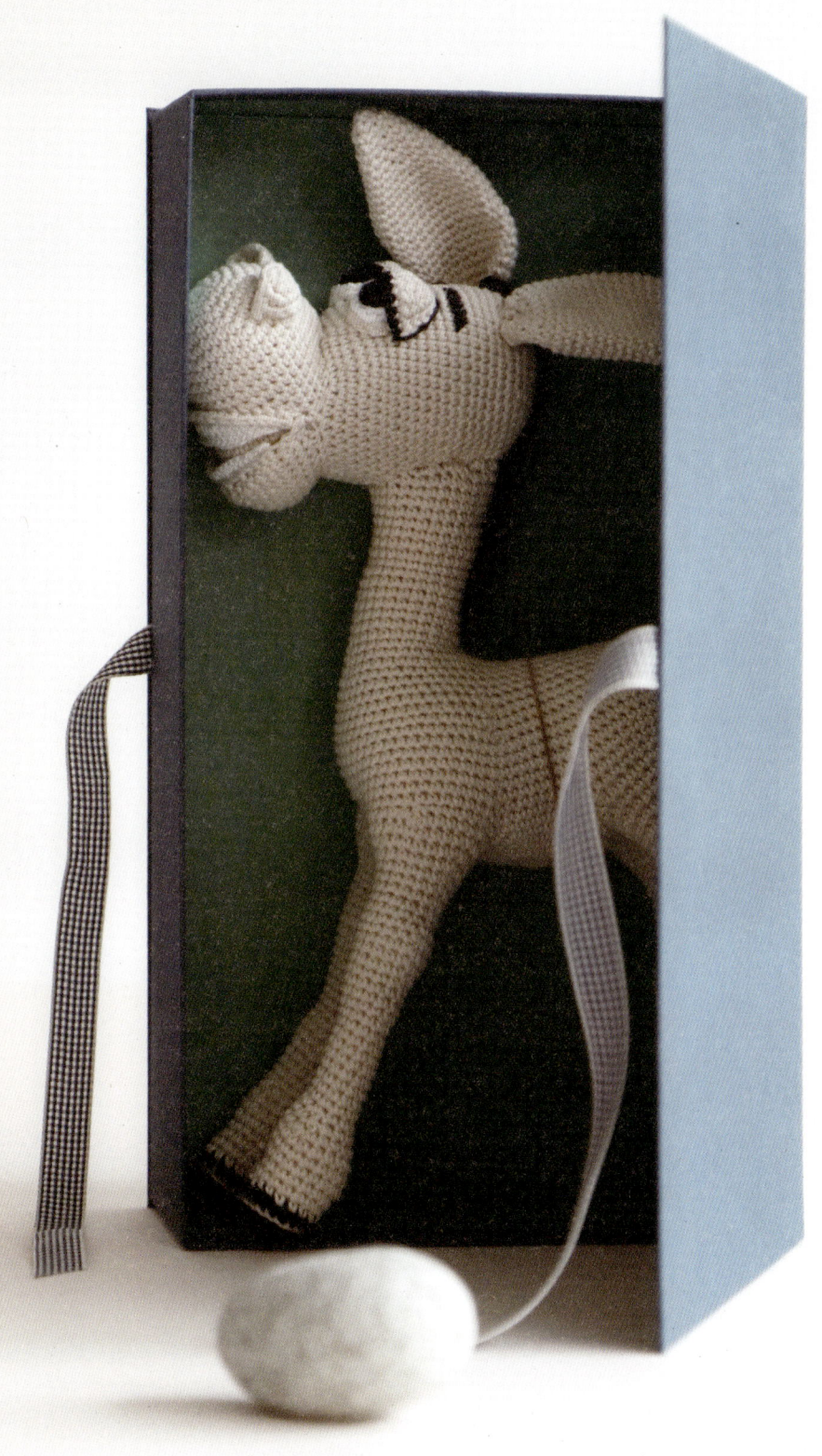

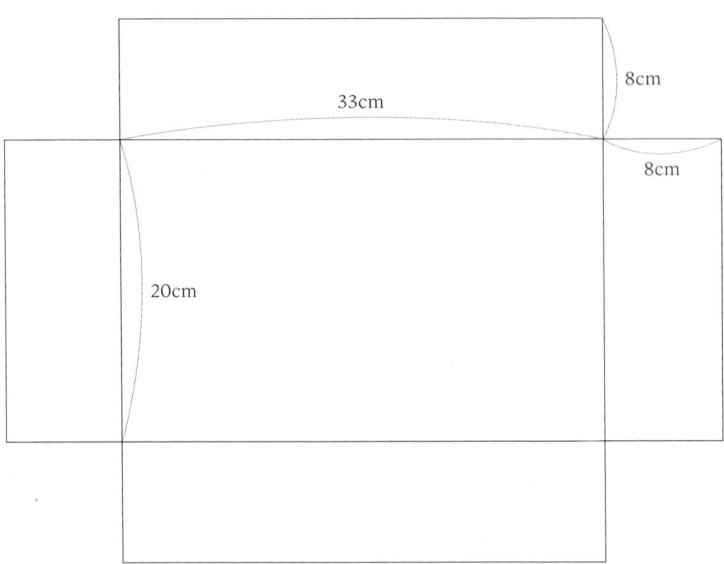

서랍용 하드보드지

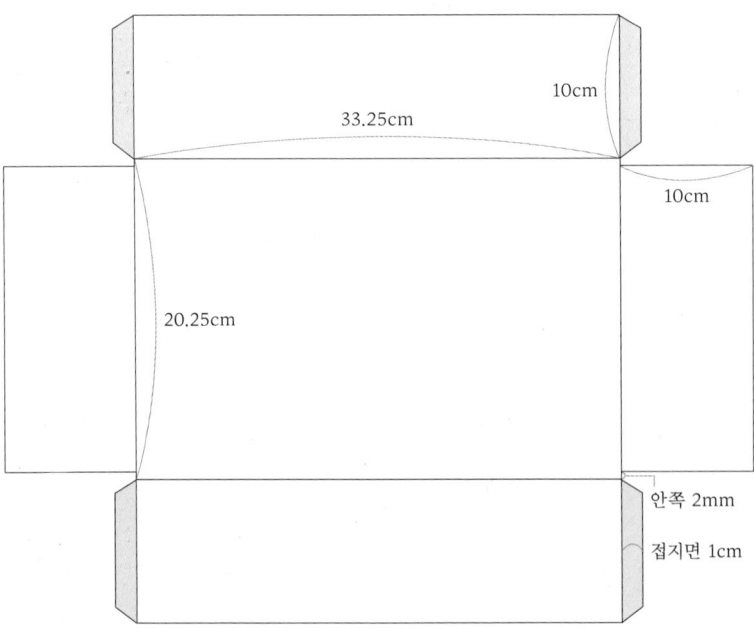

서랍용 싸개지

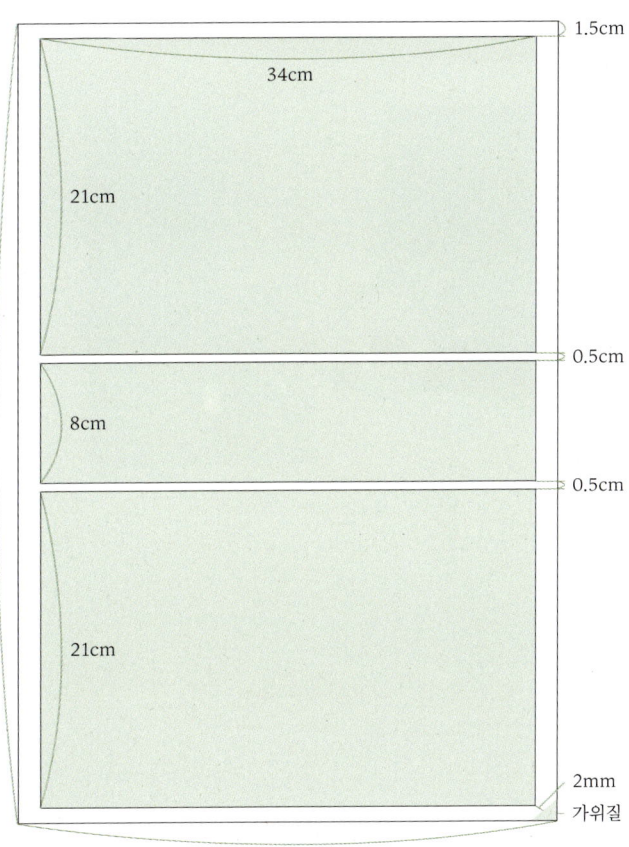

뚜껑용 하드보드지와 싸개지

뚜껑용 덮개

🟢 챙김

하드보드지(버크셔 1.2mm) 2장, 싸개지(부띠끄 110g) 2장, 고정용 트레이(색지 250g), 샤프펜슬, 자, 마스킹테이프, 도트봉, 칼, 폴더, 긁개, 고체풀, 끝이 뾰족한 미니 가위, 리본(20mm), 글루건, 송곳, 고무줄

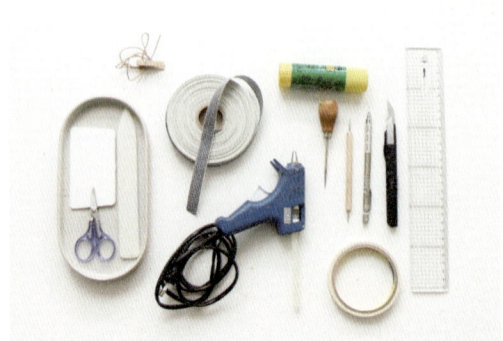

🟢 꾸밈 서랍용 상자

① 보드지에 상자용 도안을 그려넣고 불필요한 부분은 잘라냅니다.

② 여러 번 칼선을 내서 접어 올립니다.

③ 기둥을 세우고 마스킹테이프로 고정해줍니다.

④ 모서리 부분에 올라온 마스킹테이프는 미니 가위로 이등분해서 안쪽으로 붙여줍니다.

⑤ 보드지의 바닥면에 풀을 골고루 발라줍니다. 이때 풀이 마르지 않도록 짧은 시간에 세밀하게 바릅니다.

⑥ 도안대로 준비한 싸개지의 바닥면에 풀을 발라줍니다.

⑦ 바닥면 → 접지면이 있는 긴 옆면 → 짧은 쪽 옆면 순으로 보드지와 싸개지를 풀로 붙여줍니다.

⑧ 보드지와 싸개지가 뜨지 않도록 꼼꼼하게 밀어주면 완성입니다.

꾸밈 ㄷ자형 뚜껑

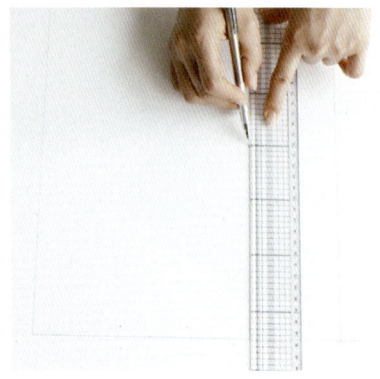

① 바닥면, 기둥면, 뚜껑을 분리하여 보드지에 도안을 그립니다.

② 칼로 각각 분리해줍니다.

③ 바닥면 보드지와 마름한 싸개지에 풀을 골고루 발라줍니다.

④ 풀이 마르지 않도록 신속하게 작업합니다.

⑤ 싸개지에 보드지를 모두 붙여줍니다.

⑥ 모서리 부분은 싸개지가 겹치는 부분이므로 긁개로 밀착시킵니다.

⑦ 나머지 부분도 풀을 바른 후 긁개로 싸개지를 끌어올려 붙여줍니다.

⑧ 들뜨지 않도록 단단히 고정해줍니다.

⑨ 보드지 위에 싸개지 1장을 풀로 붙여줍니다.

⑩ 싸개지와 보드지 사이로 길이 20cm의 리본 2개를 양쪽으로 밀어넣습니다.

⑪ 싸개지끼리 밀착되도록 긁개를 세워서 접지선을 긁어줍니다.

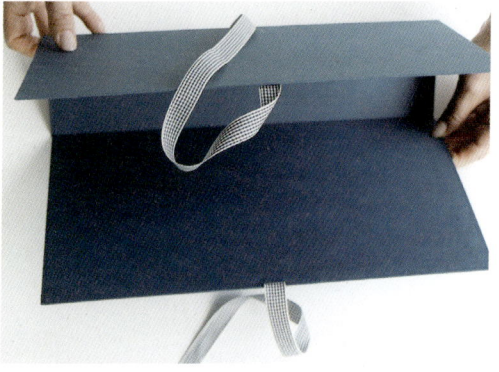

⑫ 모양대로 접어주면 ㄷ자로 접히는 뚜껑이 완성됩니다.

꾸밈 뚜껑과 서랍의 연결

① 바닥이 되는 부분에 만들어둔 서랍을 올립니다.

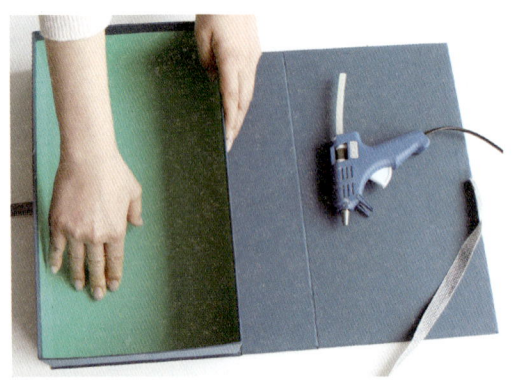

② 바닥면을 글루건으로 붙여줍니다.

③ 상자의 옆면도 글루건으로 붙입니다.

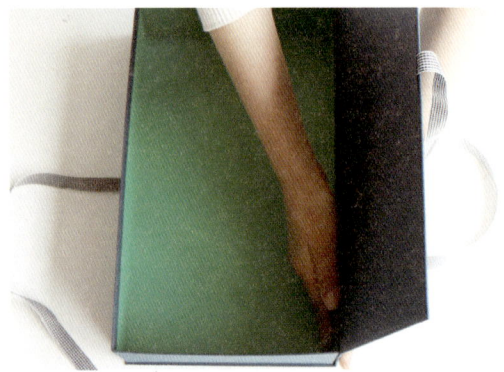

④ 부착면이 떨어지지 않도록 손으로 잘 눌러줍니다.

⑤ 상자에 담을 인형을 고정해줄 트레이를 만듭니다.

⑥ 인형의 위치를 잡고 송곳으로 구멍을 낸 후 고무줄을 끼워 안쪽에서 매듭을 짓습니다.

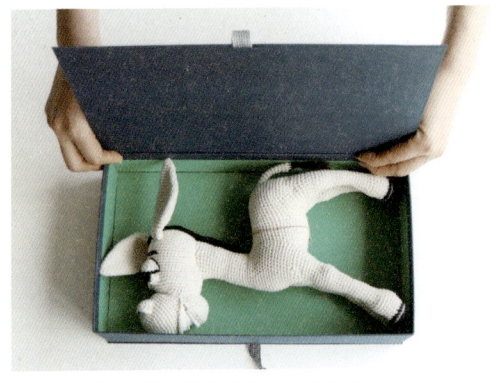

⑦ 고정된 인형을 상자에 잘 넣어줍니다.

⑧ ㄷ자형 뚜껑을 닫고 리본을 묶어주면 완성입니다.

넷,

쉽고 간단한 리본 포장법

매듭과 고리

선물을 포장하고 끈이나 리본으로 마무리를 해주면 색감의 대비로 얻어지는 미적 효과는 물론이고 선물의 분위기를 다르게 연출할 수 있습니다. 리본은 매듭묶기(tie)나 고리묶기(bow)를 할 때 소재의 영향을 많이 받습니다. 어떤 모양으로, 어떻게 매듭지을 것인지 정하고, 그에 맞는 소재를 선택해야 합니다.

리본의 구조

보(bow)
모양이 될 부분

중간 매듭
묶여지는 부분

다리
매듭 후 남겨질 부분

리본의 전체 길이

보의 개수 + 다리의 개수
예) 더블보 = 보 2개 + 다리 2개

리본 읽기(스와치)

구매 단위
소재/두께(mm)/길이(y)
1y(1마) = 90cm

도움

① 리본을 묶을 때 구겨지지 않도록 주의합니다.
② 볼륨을 줄 때는 가위를 이용하여 컬을 살려줍니다.
③ 상자의 크기, 리본의 넓이, 보의 크기를 균형 있게 만들어줍니다.
④ 받는 분이 간편하게 풀 수 있도록 준비합니다.
⑤ 양면 리본의 경우, 앞면이 보이도록 매듭짓습니다.

끈의 종류

가죽
가죽을 염색한 끈입니다.

샤무드
인조가죽으로, 스웨이드라고도 불립니다.

트와인 투톤
두 가지 색의 면실을 꼬아서 만든 끈입니다.

초끈
실에 초를 칠한 것으로 두께가 다양합니다.

고무줄
탄력이 있습니다.

라피아
종이 재질로 자연스러운 표현이 가능합니다.

리넨
황마 소재의 끈입니다.

트와인 단색
면 소재를 꼬아서 만든 끈입니다.

치즈
폴리 소재로 팔찌나 액세서리 소품으로 많이 사용됩니다.

나일론
끈의 굵기가 얇아 단추 봉투를 만들 때 단추에 감는 실로 쓰입니다.

왁스
염색한 면끈에 왁스칠을 하여 부드럽고 매끈합니다.

면
얇은 면실을 꼬아서 만든 끈입니다.

세사
노리개 등 전통매듭끈으로 사용됩니다.

금사, 은사
폴리실에 금색 또는 은색으로 짜인 끈입니다.

리본의 종류

메탈릭
금색 펄이 가미된 리본입니다.

레이스
펀칭한 리본입니다.

공단
표면이 매끄럽고 광택이 있습니다.

헤링본
V자 모양으로 직조된 두께감이 있는 면 리본입니다.

원단
원단을 리본 형태로 제작한 것으로 무늬가 다양합니다.

리넨
리넨 소재로 짜인 리본입니다.

면 프린트
평직으로 짜인 면 리본에 문자가 인쇄되어 있습니다.

와이어
리본의 양쪽 끝에 가느다란 철사가 달려 원하는 모양으로 만들 수 있습니다.

폴리체크
흐느적거림이 없어 모양을 내기가 쉽습니다.

오간디 공단
비침이 있는 얇고 가벼운 소재로, 리본의 양끝이 공단이어서 무게감이 있습니다.

면 매듭
염색한 면실을 여러 겹으로 꼬아서 만든 리본입니다.

골직
세로로 골이 파인 원단으로 리본을 잡았을 때 힘이 있습니다.

요루시폰(yoryu chiffon)
비침이 있는 재질에 잔주름이 들어간 리본입니다.

깅엄체크
표면이 매끄럽고 잘 구겨지지 않습니다.

리넨 올풀림
리넨을 평직으로 짠 후 끝을 올풀림한 리본입니다.

주자
광택이 거의 없이 촘촘하게 재직되어 두께감이 있습니다.

피코트
가장자리에 무늬를 낸 리본입니다.

헴프(hemp)
리넨을 성글게 짠 리본입니다.

매기란?

상자 위에 리본이나 끈을 묶는 방법을 매기(매듭묶기) 또는 타이라고 부릅니다. 리본이 장식적인 요소가 강하다면 매기는 기능적인 요소가 강하기 때문에 기본 기법을 익히는 것이 중요합니다. 매듭을 지을 때 앞면과 뒷면을 같은 모양으로 만들어주세요. 즉 앞면이 사선 매기 모양이라면 뒷면도 사선 매기 모양이어야 제대로 묶인 것입니다. 헐렁하게 묶이거나 꼬이거나 방향이 틀어지지 않도록 묶기 전에 모양을 잡는 것을 습관화하는 것이 좋습니다. 흐트러진 상태에서 묶은 후 정리를 하면 매듭이 헐거워지기 쉽습니다.

일자 매기

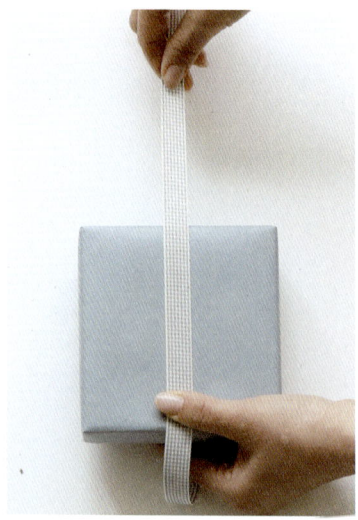

① 상자 위로 리본을 가로지른 후 왼손으로 리본이 묶일 부분을 잡아줍니다.

② 왼손을 고정한 채 리본을 오른쪽으로 돌려 상자를 한 바퀴 감싸줍니다.

③ 리본을 적당한 길이로 자르고 위쪽 리본을 아래쪽으로 내립니다.

④ 고정한 가로선 리본 밑으로 넣어 양끝을 대각선으로 당겨줍니다.

⑤ 리본을 한 번 더 묶고 가위로 잘라 줍니다.

사선 매기

① 상자의 위쪽에 리본을 사선으로 올리고 왼손으로 매듭이 묶일 부분을 잡아줍니다.

② 리본을 모서리 뒷면으로 넘기고 다시 상자 앞면의 오른쪽 아래면 모서리로 가져와 뒷면으로 넘깁니다.

③ 오른쪽 리본 끝을 처음 위치로 가져옵니다.

④ 대각선 방향으로 당겨서 매듭을 한 번 지어줍니다.

⑤ 나비 모양으로 한 번 더 묶어서 완성합니다.

십자 매기

① 상자의 중심에 리본을 가로질러 놓고 매듭이 지어질 부분을 왼손으로 잡아줍니다.

② 상자의 뒷면에서 앞면으로 리본을 한 바퀴 돌려줍니다.

③ 상자의 앞면에서 직각이 되도록 리본을 교차합니다.

④ 뒷면으로 넣어 다시 앞면에서 교차합니다.

⑤ 교차한 부분을 고정한 채 왼쪽 리본 끝을 오른쪽으로 보냅니다.

⑥ 십자 밑으로 넣어 왼쪽 윗부분으로 빼낸 다음 대각선 방향으로 당겨줍니다.

⑦ 뒷면의 중앙에 십자 모양이 놓이도록 정리합니다.

⑧ 앞면에서 리본을 묶어줍니다.

Z자 매기

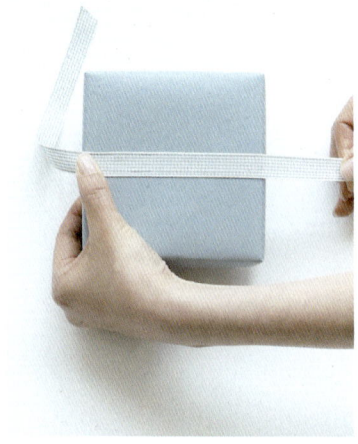

① 리본을 상자 위로 가로지르고 매듭이 지어질 부분을 엄지로 고정합니다.

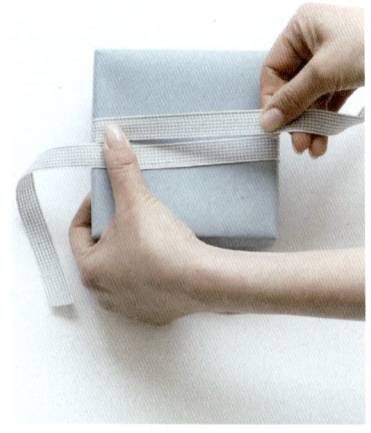

② 오른쪽 리본 끝을 잡고 상자의 뒷면에서 앞면으로 한 바퀴 감아줍니다.

③ 엄지의 아래쪽으로 리본 끝을 내려줍니다.

④ 모서리를 걸쳐서 리본을 뒤쪽에서 앞쪽으로 올려줍니다.

⑤ 다시 모서리를 걸쳐서 리본을 처음 시작했던 위치에서 교차해줍니다.

⑥ 교차한 리본을 위에서 아래로 빼내어 묶어줍니다.

⑦ 한 번 더 묶어주면 완성입니다.

보란?

리본을 고리 모양으로 묶어서 만든 매듭을 보(고리묶기)라고 합니다. 고리의 개수에 따라 싱글보, 더블보, 트리플보 등으로 불리며, 고리의 모양에 따라 8자보, 스타보, 웨이브보 등으로 나뉩니다. 고리묶기를 해서 장식을 완성하거나 와이어 등으로 고정해서 미리 만들어둔 리본을 사용해도 좋습니다.

더블보

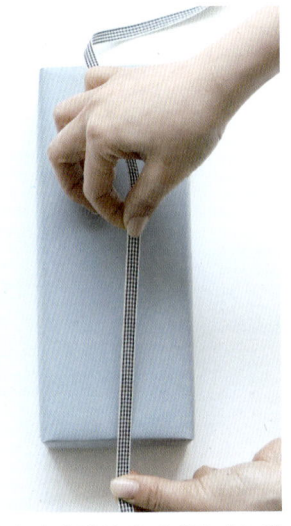
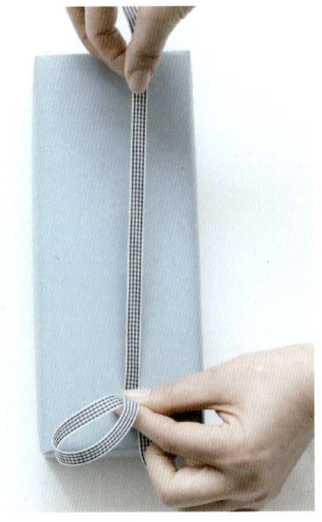

① 남겨질 다리 부분의 길이를 가늠합니다.

② 보의 크기만큼 고리를 만들어보고 길이를 추가합니다.

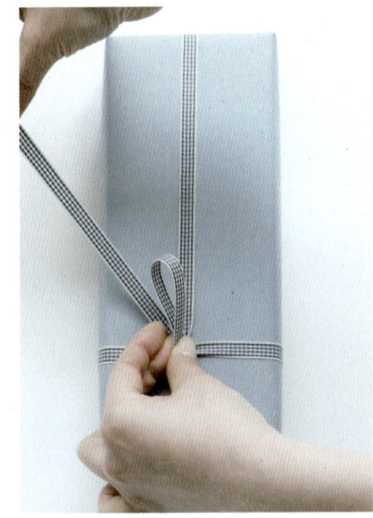

③ 십자 매기로 리본을 고정합니다.

④ 아래쪽 리본으로 고리를 만들어 왼손으로 고정합니다.

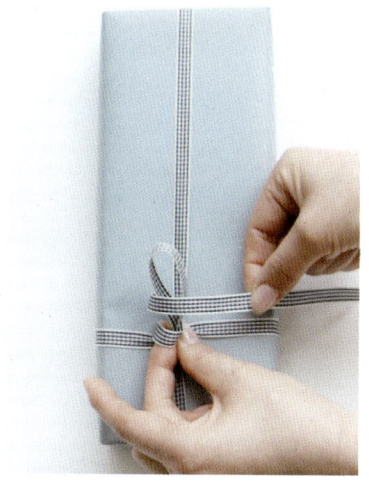

⑤ 위쪽 리본으로 고리를 위에서 아래로 헐겁게 감아줍니다.

⑥ 감은 매듭 사이로 위쪽 리본을 넣어 고리를 만들어줍니다.

⑦ 양쪽 고리의 크기가 같게 매만진 다음 당겨주면 보가 완성됩니다.

⑧ 리본 다리도 양쪽을 같은 길이로 잘라줍니다.

웨이브보

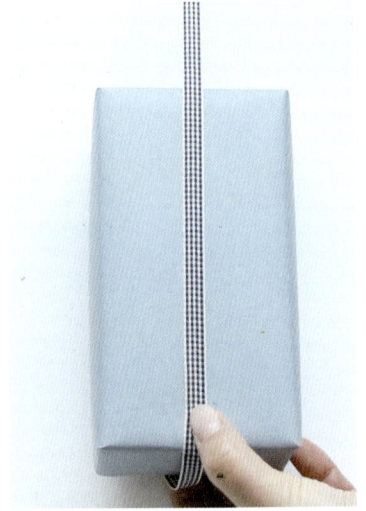

① 10mm 리본으로 상자를 한 바퀴 감고 남은 부분은 잘라낸 후에 고정합니다.

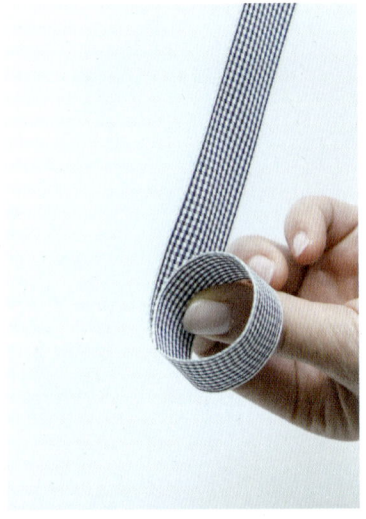

② 20mm 리본을 동그랗게 말아 왼손으로 고정합니다.

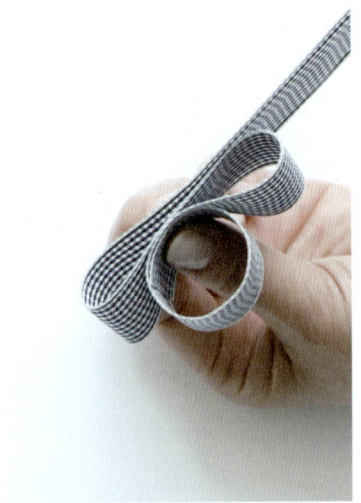

③ 만들어둔 고리 옆으로 고리를 하나 더 만들어주고, 반대편에도 같은 크기로 만들어줍니다.

④ 조금씩 크기를 키워가며 양쪽에 고리를 만들어갑니다.

 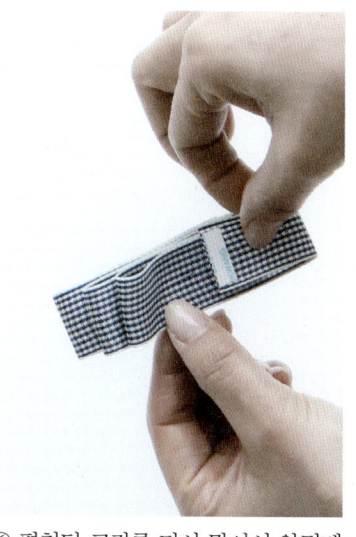 

⑤ 동그랗게 말았던 첫 번째 고리를 펼친 후에 스테이플러로 고정해줍니다.

⑥ 펼쳤던 고리를 다시 말아서 양면테이프로 붙여줍니다.

⑦ 10mm 리본으로 감은 상자 위에 웨이브보를 올려 글루건으로 고정하면 완성입니다.

도움

리본 끝을 자르지 않고 길게 연결하여 상자 위에서 일자 매기나 사선 매기로 고정해도 됩니다.

더블보 응용 1

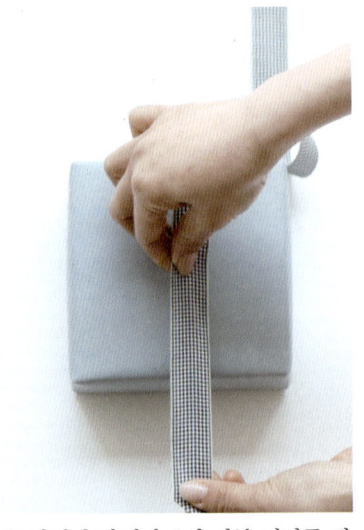

① 남겨질 다리만큼의 리본 길이를 잡아봅니다.

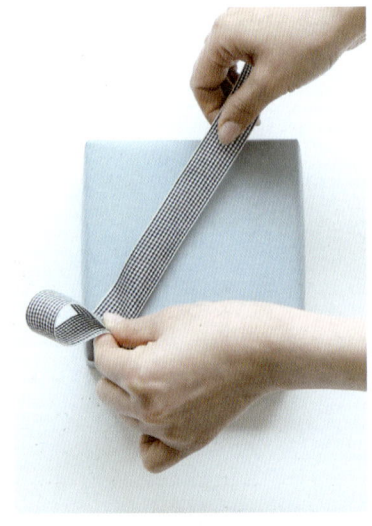

② 보의 크기만큼 고리를 만들어 길이를 가늠합니다.

③ 사선 매기를 한 후 다시 보 + 다리 길이만큼 리본을 남겨 대각선 방향으로 묶어줍니다.

④ 왼쪽에 남겨진 리본으로 고리를 만들고 손으로 고정합니다.

⑤ 오른쪽에 남겨진 리본으로 헐겁게 매듭을 만든 후에 그 사이로 리본을 넣어줍니다.

⑥ 처음 만든 고리 뒤쪽으로 고리를 만들고 매듭을 단단하게 묶습니다.

⑦ 리본의 오른쪽 다리를 잡아줍니다.

⑧ 오른쪽 다리를 오른쪽 보 위쪽으로 올려줍니다.

⑨ 보와 다리의 길이를 비슷하게 맞춰 줍니다.

⑩ 볼륨감 있게 매만져서 완성합니다.

더블보 응용 2

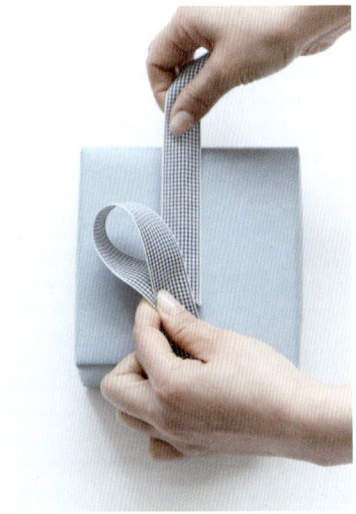

① 다리와 고리의 길이를 가늠합니다.

② 십자 매기를 한 후 다리 + 보 길이 만큼 리본을 남기고 잘라줍니다.

③ 고리를 하나 만들어 손으로 고정합니다.

④ 또 하나를 만들어 처음 만든 고리 뒤쪽으로 넣고 빼줍니다.

⑤ 오른쪽 다리를 오른쪽 보 위쪽으로 올린 다음 적당한 크기로 잘라줍니다. 이때 리본은 상자의 모서리 방향으로 고정합니다.

⑥ 다리 2개, 고리 2개만큼의 길이로 리본을 잘라서 십자 매듭 사이로 넣어줍니다.

⑦ 고리묶기를 동일하게 반복합니다.

⑧ 다리와 보의 길이를 가늠하여 균형감 있게 완성합니다.

폼폰보

① 상자에 리본으로 십자 매기를 해 놓습니다.

② 폼폰보를 만들 크기만큼의 리본 길이를 가늠합니다.

③ 리본을 여덟 바퀴 정도 동그랗게 말아줍니다.

④ 리본 끝은 중심에서 1cm 정도 더 남기고 잘라줍니다.

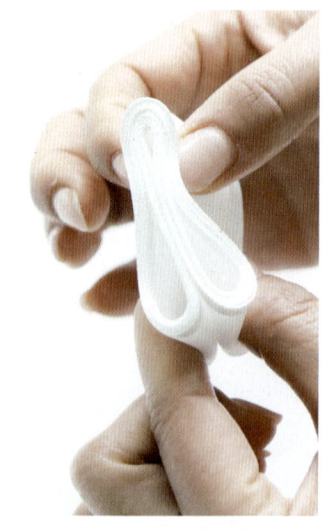

⑤ 리본을 반으로 접어 양끝을 잘 맞춰줍니다.

⑥ 임시로 고정하고 중심의 1cm를 표시해둡니다.

⑦ 중심의 1cm를 남기고 양쪽에서 삼각형으로 잘라줍니다.

⑧ 십자 매기한 상자 위로 홈을 판 리본을 얹어서 한 번 묶어줍니다.

⑨ 한쪽 방향부터 좌우로 리본 고리를 하나씩 빼내줍니다.

⑩ 묶임이 있는 중심을 향해 리본을 비틀어서 끌어올립니다.

⑪ 마지막 2개의 고리는 상자면에서 좌우로 틀어 밑받침을 만들고 고리를 매만지면 완성입니다.

도움

① 중심을 와이어로 고정하여 미리 만들어놓고 사용해도 됩니다.
② 힘이 없는 소재를 사용할 경우, 봉긋해지지 않고 밑으로 처질 수 있습니다.
③ 리본 끝에 와이어가 있는 소재를 이용해서 볼륨감을 줘도 좋습니다.

맺음말.

포장하는 일을 하다 보니 선물을 추천해달라는 부탁을 받을 때가 많습니다. 받는 사람의 취향을 살펴서 선물을 준비하라고 권하지만 딱 맞는 선물을 찾아내는 일이 쉽지만은 않지요. 그때 꼭 덧붙이는 말이 있다면 언젠가 보답(?)해야 할 것 같은 과한 선물은 아니었으면 한다는 것입니다. 준비하는 사람이 부담스럽지 않으면 받는 사람의 마음도 편안한 게 선물이지 않을까요?

선물은 목적이 아니라 마음을 전하는 수단입니다. 조금 과한 선물은 왠지 딱 그만큼의 선물을 다시 돌려줘야 할 것 같아서 받으면서도 부담이 됩니다. 그런 의미에서 포장도 선물처럼 부담스럽지 않고 억지스럽지 않았으면 합니다. 비싼 소재의 포장지나 화려한 장식, 예쁘지만 과정이 어려운 포장보다는 자연스럽고 편안한 느낌의 포장이 마음을 더 잘 전해줄 것 같습니다.

선물을 손수 준비해서 포장하고 손에서 손으로 전하는 일은 현저하게 줄어들었습니다. 마음을 전하는 방법은 다양해졌고 속도는 빨라졌지만 여전히 내 취향을 기억하고 존중해주는 사람의 존재를 느낀다는 건 참 고마운 일입니다. 그렇게 누군가를 생각하고 그 마음을 대신하는 선물을 조금 더 아름답게 표현해주는 것이 선물 포장입니다.

무언가를 손으로 익힐 때는 해보고 또 해보는 수밖에 없습니다. 소소한 물건에 나만의 색을 입혀 마음을 표현하는 일에, 세상에 하나밖에 없는 특별한 선물을 준비하는 과정에 이 책이 작은 도움이 되기를 바랍니다.

날마다 선물 포장

초판 1쇄 인쇄 2021년 9월 02일
초판 1쇄 발행 2021년 9월 09일

지은이	박진숙(제이홈)
펴낸이	이재영·이희승
펴낸곳	(주)재승출판
등록	2007년 11월 06일 제2007-000179호
주소	우편번호 06614 서울특별시 서초구 강남대로 423 한승빌딩 1003호
전화	02-3482-2767
팩스	02-3481-2719
이메일	jsbookgold@naver.com
홈페이지	www.jsbookgold.co.kr
ISBN	979-11-88352-44-9 13630

값 17,000원
잘못된 책은 구입처에서 바꾸어 드립니다.

이 책은 저작권법에 따라 보호받는 저작물이므로 무단 전재와 무단 복제를 금지하며,
이 책 내용의 전부 또는 일부를 이용하려면 반드시 저작권자와 (주)재승출판의 서면 동의를 받아야 합니다.